世界を震撼させる中国経済の真実

榊原英資
Sakakibara Eisuke

ビジネス社

はじめに

中国はアメリカとともに日本にとって、もっとも重要な国でしょう。アメリカは安全保障面での基本的パートナーですが、中国は経済面では日本の最大のカウンターパートです。2014年の日本の中国への輸出は13兆3800億円（シェア18・3％）とアメリカに次ぐ（アメリカのシェアは18・7％）ナンバー2。中国からの輸入は19兆1700億円（シェア22・3％）とナンバー1です。

輸出入をあわせた貿易総額では中国が32兆5500億円と21兆1900億円のアメリカを大きく上回っています。つまり、中国は日本の最大の貿易相手国なのです。

日本の対中国直接投資も一時70億ドルにのぼり、このところ減少しているとはいえ40～50億ドルで推移しています。貿易だけではなく直接投資でも対アメリカに次ぐ数字です。経済的に見れば、いまや、中国はアメリカをしのぐ日本の最大のカウンターパートになっているというわけなのです。

そして中国はGDPでは世界第2位の経済大国。2014年の名目GDPは日本の2倍を超えています。PPPベースでは2014年にすでにアメリカを超えてナンバーワンになっています（中国17兆6320億ドル、アメリカ17兆4160億ドル）。当然のことながら中国経済の動向は世界経済に大きなインパクトを持ちます。最近の中国の経済混乱が世界経済や株価を揺さぶったことは、多くの人びとの記憶に残っていることでしょう。

1980年代から高度成長を続けてきた中国経済（1980~2011年の平均成長率は10・01%）は現在、安定成長期への移行過程にあります。2012年からの成長率は7%に低下し、最新のIMFの世界経済見通し（2015年7月）によれば、2015年には6・8%、16年には6・3%まで下落すると予測されています。

明らかに中国経済は重要な転換期を迎えています。高度成長から安定成長への移行をスムーズに実現できるかどうかが問われている、といえるのでしょう。中国は政治体制が日本と異なり、また、近現代に対立してきた歴史的経緯もあり、日本のメディアなどの中国分析にはしばしば政治的なバイアスがかかります。しかし、そうした眼鏡《めがね》越しに中国を見るには、あまりにも中国の存在は経済的にも大きくなってしまっています。

先入観をもたず等身大の中国をしっかりと分析することが、日本の経済・外交政策を作成するうえでも重要になってきている、といえるのでしょう。

筆者は中国はしばしば言われているような「独裁」国家ではないと思っていて、巨大な「官僚」国家として中国を見るべきだと思っています。つまり、中国の政治・経済政策は確立されたルールによって動いており、また、経済は基本的にはマーケットによって影響されているのです。いわば、「社会主義市場経済」によって動いている「官僚」国家として中国を分析することが必要なのだというのが筆者の立場で、そうした視点で本書をまとめたつもりです。

榊原英資

世界を震撼させる中国経済の真実　目次

第1章 アジアインフラ投資銀行に秘めた狙いとは？

——中国経済の「いま」を読み解く〈その1〉

第2章 中国バブル崩壊で世界はどうなる？
——中国経済の「いま」を読み解く〈その2〉

第3章 中国、これが真実だ！
――中国を語るのに必要な「新常識」

第4章 日本と中国で進む「経済統合」とは？

――東アジア経済統合は後戻りできない

第5章 中国経済と人民元は、こうなる！

——13年後、アメリカを抜き去る日がやってくる

第6章 アジアの時代がやってきた！

——日本はどう生きていくべきか

第1章

アジアインフラ投資銀行に秘めた狙いとは？

──中国経済の「いま」を読み解く〈その1〉

２０１５年は、中国経済の大きな結節点だ

２０１５年の世界経済は、中国によって大きく動きました。

いうまでもなく、この年は、第二次世界大戦が終わって満70年の〝節目〟の年でした。日本では終戦記念日に向けて安倍晋三首相が談話を出しました。世界各地でも70周年を記念し、あるいは戦争の犠牲者を悼む行事が相次ぎました。

中国は９月３日、北京の天安門前で抗日戦争勝利記念行事・軍事パレードを挙行しています。参加兵士は１万２０００人と過去最大。40種・５００台以上の車両や兵器、20種・２００以上の航空機が登場し、その80％超が初披露の新兵器でした。１９３７年から始まった「抗日戦争」で勝ったことを祝ったものでしたが、今回は政治的、軍事的に、ここぞとばかり巨大中国の存在をアピールしたわけです。

しかし、私は２０１５年を、政治的・軍事的な側面より以上に、中国の経済にとって大きな結節点となった年だ、と見ています。

中国経済の存在感は、よい意味でも悪い意味でも、かつてないほど大きくなりました。中国経済が世界経済に与える影響は日増しに大きくなり、それに応じて国際社会が中国経

済に寄せる関心も非常に高まっています。

２０１５年の前半、世界の関心は、もっぱら中国が提唱・主導するアジアインフラ投資銀行（ＡＩＩＢ）に集まりました。

年の半ば以降は、上海株式市場が大きく下落したことをきっかけに、中国のバブル崩壊が叫ばれ、「世界同時株安」ともいうべき状況に各国の不安が募りました。中国の輸出減速や景気後退を受けて人民元が切り下げられたことも、中国経済の先行きへの不安を募らせ、日米はじめ各国の景気への悪影響が懸念されています。

こうした中国の動きには、さまざまな見方があるでしょう。たとえば――。

ＡＩＩＢ構想は、アメリカや日本が主導してきたアジア・太平洋地域の開発経済支援への異議申し立てという面がある。それは中国の新シルクロード構想、つまり「一帯一路」構想に象徴される西進政策と、車の両輪をなすものだ。中国はユーラシア（アジアとヨーロッパ）全体を視野に入れて、新しい経済秩序の構築を主導しようとしている。

14年後半以降の上海株式市場は、中国経済のファンダメンタルズ（経済の基礎的条件）が悪化しつつあったにもかかわらず上昇を続けた。これは明らかにバブルの膨張だった。中国の高度成長はもう終わった。バブル崩壊は、中国が高度成長から安定成長へとステージを移す移行期の混乱と見るべきだ。

おおむねそういうことだろう、と私は見ています。しかし、日本で中国に関する言説に接すると、極端すぎると思わざるをえない物言いも目立つようです。とりわけネット上の議論がそうです。いわく——。

ＡＩＩＢ構想は、ユーラシア経済を手中に収めようとする中国の、野望に満ちた危険な構想だ。アジアの貧しい国にカネを貸し、インフラをつくれとけしかけ、工事の受注で一儲けしようとたくらんでいる。こんなものに参加すれば、中国の膨張政策に手を貸すばかりだ。日米は断じて参加すべきではない。

あるいは、中国の株式バブル崩壊で自殺者が続出している。当局の手詰まりで市場は底なしの泥沼となり、中国経済はガタガタだ。土地バブル崩壊に続く中国の株式バブルの崩壊は、世界恐慌の引き金になりかねない。遠からず世界は、中国発のリーマン・ショック級の混乱に見舞われるのではあるまいか。

はたして、本当にそうでしょうか。

脅威を煽ることなく〝等身大〟の中国像を伝えたい

私は、ずっと以前から、日本では「中国の脅威」をいたずらに煽り立てる物言いが多すぎる、と考えてきました。ＡＩＩＢや中国バブル崩壊についての極端な議論も、その一つでしょう。

中国の脅威といえば、中国が尖閣諸島付近で繰り返した接続水域への入域や領海侵犯、旧ソ連の中古空母を買って改修した新空母「遼寧」の就役、毎年続く中国軍事費の２ケタ増（伸び率が対前年度比10％以上）などについても、私は同じ感想を抱きます。

中国共産党はつねに原点の「抗日」に立ち戻らざるをえない。新しい指導者の権力固めには強い中国を内外にアピールする必要がある。中国指導層にとっては国内の諸矛盾から国民の目をそらしたいという事情もある。そんな中国の政治セオリーからすれば、尖閣諸島へのちょっかいなど、いちいち大騒ぎすべきこととも思えません。

世界最強の米第７艦隊が事実上の母港とする日本が、中国からどう見えているかを考えれば、中国が中古空母を１隻就役させたくらいで日本が慌てるのは滑稽です。経済全体が２ケタ増の成長を続けていれば、軍事費も２ケタ増にならないほうが不思議でしょう。

どうも日本では、中国に関する〝等身大〟の像が得られていない、と私は思います。多くの場合、中国の脅威を大きくとらえすぎ、過大評価する方向にピントがボケているようです。もっとも、中国のマイナス面ばかり強調して過小評価するピンぼけも、少なからず散見されますが。

いずれにせよ、この本では、主として経済分野で等身大の中国像を描き、読者のみなさんに中国経済の本当のところをお伝えしたい、と私は考えているのです。

そこで、まず第1章で、アジアインフラ投資銀行とはなにか、ＡＩＩＢにはどんな狙いがあるのか、ＡＩＩＢに対して日本はどう対応すればよいのか、についてお話しします。中国の株式バブル崩壊については、第2章で見ていくことにしましょう。

アジアインフラ投資銀行（ＡＩＩＢ）とは？

アジアインフラ投資銀行（ＡＩＩＢ＝Asian Infrastructure Investment Bank）は、中国が主導して２０１５年末に業務開始を目指すアジア向けの国際開発金融機関です。発案者は楼継偉・中国財政相とされており、習近平《シー・チンピン》・中国国家主席が13年10月のアジア太平洋経済協力会議（ＡＰＥＣ）首脳会議で提唱しました。

似たような機関にアジア開発銀行（ＡＤＢ＝Asian Development Bank）があります。これは１９６６年、アジア太平洋地域の経済成長や経済協力を助長し、加盟する開発途上国の経済発展に貢献することを目的に設立された国際開発金融機関です。加盟国／地域は67で、本部はフィリピンのマニラにあります。

アジア開銀を提唱・主導したのは、ほかならぬ日本です。設立には大蔵省が深く関わりました。最初に私案をまとめたのは大蔵官僚ＯＢの渡邊武で、彼は初代総裁に就任しています。渡邊は初代の大蔵財務官（49～51年）でもありました。このポストは、途中で財務参事官に改称され、68年に再び財務官に戻っています。ちなみに私は、68年から数えて14代目の財務官（97～99年）です。

アジア開銀への最大の出資国は日本で、出資比率は15・７％。次が15・６％のアメリカですから、主導権を握ってコントロールしているのは日本とアメリカです。日本の発言力が大きいことは、歴代総裁が日本の指定席であることからもわかります。現総裁は前・財務官の中尾武彦が務めています。

アジア開銀への出資比率が大きい国は、中国６・５％、インド６・４％、オーストラリア５・８％と続きますが、中国は日米に頭を押さえられ、思うように影響力を行使できません。このことを中国は、ずっと不満に思ってきました。

ですから、ＧＤＰ世界第2位の経済大国に躍り出た中国が、自ら主導してアジア向けの開発金融機関をつくろうとしたことは、当然の流れというべきです。

中国は、アジア開銀を提唱・主導した日本の後追いをしているのだ、という見方もできます。ＡＩＩＢをことさらに問題視する人は、高度経済成長期に日本がアジアでどんなことをやろうとしたか、振り返ったほうがよいでしょう。

ＡＩＩＢの初代総裁に内定している中国の金立群《ジン・リューチュン》は、03年から5年間アジア開銀の副総裁（5人のうち1人）でした。中国財務省（財政部）で国際畑を歩み、財務次官も務めています。米ボストン大学大学院への留学経験もあり、流暢な英語を話す国際金融のプロフェッショナルですが、それでもアジア開銀では、どう頑張っても副総裁にしかなれなかったわけです。

実は、世界銀行総裁はアメリカ、国際通貨基金（ＩＭＦ）総裁はヨーロッパ、アジア開発銀行総裁は日本から出すという人事が慣行として固定されています。「総裁を取る」ことのできる機関の設立は、面子を重んじる中国の悲願でもありました。

ちょっと細かい話になりますが、ＡＩＩＢの資本金は１０００億ドルです。各国ＧＤＰと購買力平価に基づいた割り当てによると、中国の出資額は２９８億ドル弱、出資比率は30・34％となります（15年6月末時点）。

加盟57か国それぞれの議決権は「出資比率×85％＋（１／57）×15％」という式で計算します。中国の議決権割合は26・06％。重要事項の決定には75％以上の議決権が必要で、中国は単独で重要事項を否決できる事実上の「拒否権」を持つことになります。

中国のやりたい放題ではないか、と思う人があるかもしれませんね。ところが、このや

AIIB 出資比率
（上位20か国）

順位	国　名	出資（億ドル）		出資比率（%）	議決権（%）
		域内	域外		
1	中　国	297,804		30.34	26.06
2	インド	83,673		8.52	7.51
3	ロシア	65,362		6.66	5.93
4	ドイツ		44,842	4.57	4.15
5	韓　国	37,388		3.81	3.50
6	オーストラリア	36,912		3.76	3.46
7	フランス		33,756	3.44	3.19
8	インドネシア	33,607		3.42	3.17
9	ブラジル		31,810	3.24	3.02
10	イギリス		30,547	3.11	2.91
11	トルコ	26,099		2.66	2.52
12	イタリア		25,718	2.62	2.49
13	サウジアラビア	25,446		2.59	2.47
14	スペイン		17,615	1.79	1.79
15	イラン	15,808		1.61	1.63
16	タ　イ	14,275		1.45	1.50
17	UAE	11,857		1.21	1.29
18	パキスタン	10,341		1.05	1.16
19	オランダ		10,313	1.05	1.16
20	フィリピン	9,791		1.00	1.11
合計	1,000,000	750,000	250,000		

出典：中華人民共和国財政部

り方はＩＭＦ（国際通貨基金）でもおこなわれています。ＩＭＦは重要事項の決定には85％以上の議決権が必要とされており、15％超の議決権割合を持つアメリカだけが、事実上の拒否権を行使できるのです。

実際アメリカは、２０１０年にいったん合意に至った「新興国の出資比率を引き上げ、理事会への登用を増やすＩＭＦ改革」を棚上げにしています。ならば、中国が自分の言い分を通すことができる国際金融機関をつくりたいと思っても、不自然な話とはいえないでしょう。

新シルクロード戦略「一帯一路」構想の狙いは?

習近平主席は15年4月22日、インドネシアのジャカルタで開かれたアジア・アフリカ会議（バンドン会議）60周年記念首脳会議の演説で、こんな趣旨を述べました。

「中国は公平で公正、寛容な国際経済と金融体制の建設を推進し、発展途上国のために良好な外部環境をつくる。新シルクロード構想、アジアインフラ投資銀行構想をともに進め、シルクロード基金も活用していく」

これについても解説が必要でしょう。

新シルクロード構想は、習近平が国家主席への就任半年後の13年9月に打ち出したもので、「一帯一路」構想とも呼ばれています。中国の対外開放政策の核となる新しい世界戦略と考えてよいのでしょう。

「一帯」とは、中国西部から中央アジアを経由してヨーロッパにつながる「シルクロード経済ベルト」で、中国語では「絲綢之路経済帯」です。「一路」とは、中国沿岸部から東南アジア、インド、アラビア半島の沿岸部、アフリカ東岸を結ぶ「21世紀海上シルクロード」で、こちらは「21世紀海上絲綢之路」です。

いうまでもなく、どちらも古代から近世まで中国と中東やヨーロッパを結んだ東西交易路シルクロードを強く意識し、ある意味でその復活を目指す構想です。

第6章で見るように、中国は世界史のかなりの期間、世界随一の経済大国であり続けました。習近平指導下の中国は、もちろん版図（領土領域）をこれ以上広げることはできないにせよ、シルクロード沿いの各国と連携を図り、相互協力を深め、ビジネス環境を整備して、ともに経済発展していこうとしています。

協力する分野としては、「政策的な意志疎通」「インフラの連結」「貿易の円滑化」「資金の融通」「民心の意志疎通」の五つが挙げられています。

「政策的な意志疎通」と「民心の意志疎通」は、各国政府や国民と良好なコミュニケーションを築くことでしょう。では「インフラの連結」とは、具体的にどんな協力をしようというのでしょうか。

すでに1990年、「新ユーラシア・ランドブリッジ」「ユーラシア横断鉄道」またの名を「鉄のシルクロード」と呼ぶアジア横断鉄道が開通しています。

これは連雲港東（江蘇省）―蘭州（甘粛省）―ウルムチ南（新疆ウイグル自治区）―阿拉山口（同）―ドルジバ（カザフスタン）―エカテリンブルク（ロシア）―モスクワ（同）―ミンスク（ベラルーシ）―ワルシャワ（ポーランド）―ベルリン（ドイツ）―ロッテルダム（オランダ）を結ぶ路線です。

中国・カザフスタン国境とベラルーシ・ポーランド国境で線路の軌間（ゲージ）が変わり、エカテリンブルク―モスクワ間はシベリア鉄道を使います。

また、32か国を通過する総延長14万キロの高速道路網「アジアハイウェイ」のうち5号線（AH5）は、中国―カザフスタン―キルギス―ウズベキスタン―トルクメニスタン―アゼルバイジャン―グルジア―トルコを通って、欧州横断自動車道E80号線につながります。全長は1万380キロです。

以上は陸路の鉄道と道路の例ですが、「一帯一路」構想は、こうした交通インフラを既存路線の高速化・トンネルや橋によるルート短縮化・新線の建設などで拡充していくととも

出典：中国中央電視台（CCTV）

に、沿線に拠点駅やインターチェンジ・通関施設・物流拠点といったインフラを整備していきます。

海路では港湾、空路でも空港の整備を進め、陸海空の立体的な交通網を構築し、金融などを規制緩和する特区や自由貿易区も各所に配置します。これらが「インフラの連結」であり「貿易の円滑化」です。

中国は、もともと高いインフラ建設技術を持っています。しかし、2ケタ成長を続けた高度成長が終わって国内のインフラ整備が一巡すると、鉄鋼やセメントなどの生産過剰や建設業の停滞が深刻な問題になってきました。一方、アジアの途上国のインフラ整備は、まだまだこれからです。

すると当然、「西へ」が、中国の対外開放政策の合い言葉となります。

エネルギー需要の伸びが大きい中国は、「西から」石油や天然ガスの輸入パイプラインを引きたいという狙いもあります。中国は「一帯一路」沿いにエネルギープラント、パイプライン、発電所などのインフラも建設したいと考えています。

ところが、中国がインフラ建設を輸出したい途上国の多くは、資金が潤沢ではない弱小国ですから、五つの協力分野のうちの「資金の融通」が必要です。そこで、アジアインフラ投資銀行の出番です。ＡＩＩＢがシルクロード沿いの各国に融資をおこなってインフラ

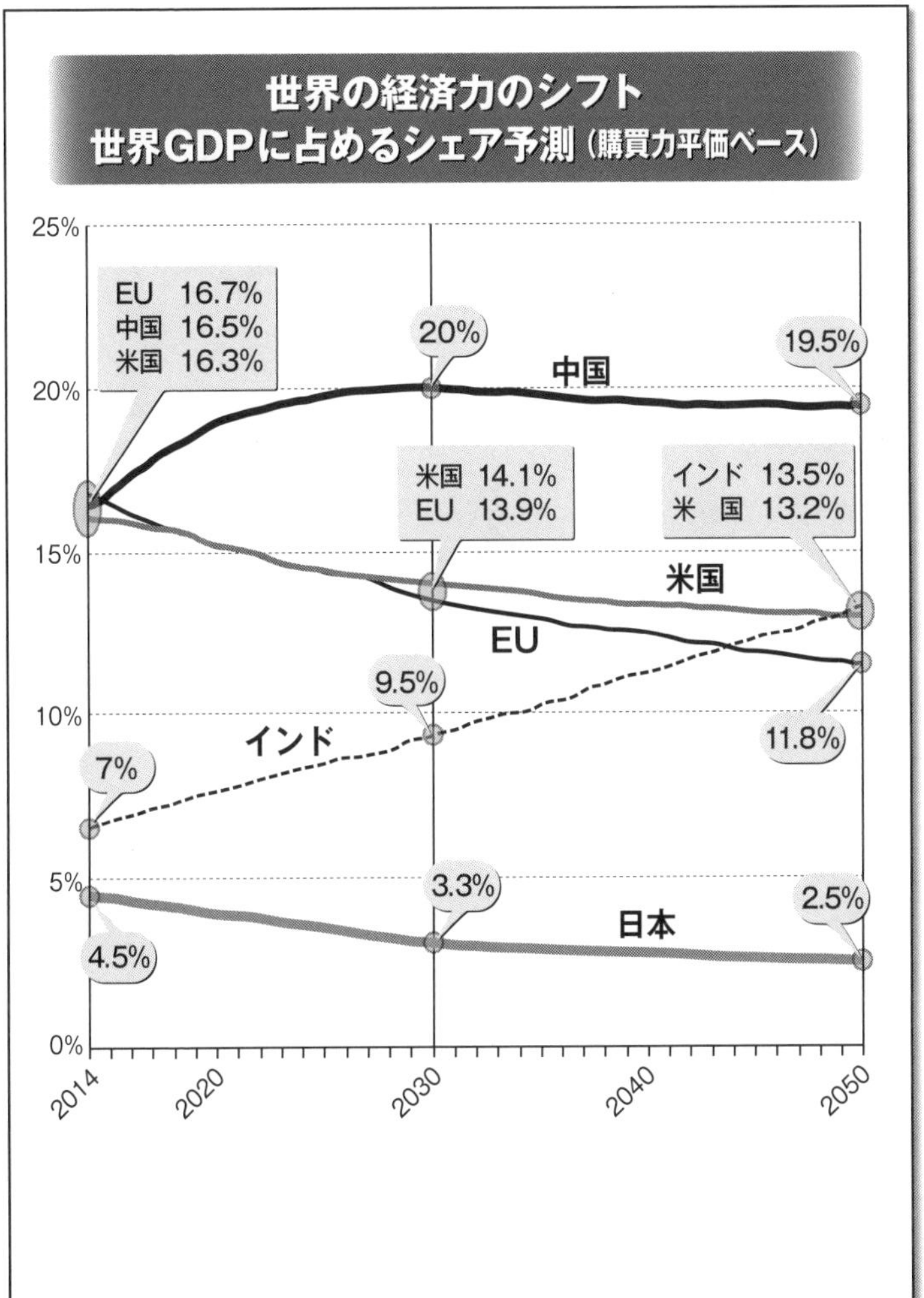

出典：2014年のIMF推定値を出発点とするPwCの予測

建設が進めば、途上国も中国もどちらも潤う、というわけなのです。

「資金の融通」の背景には、90年代に世界の工場としてめざましく発展し、2010年にGDP（国内総生産）世界第2位に躍り出た中国の巨大な経済力があり、輸出で貯め込んだ巨大な外貨の蓄積があります。いくつかデータを示しておきましょう。

第5章で詳しく見るつもりですが、中国のGDPは、おそらく2028年前後にアメリカを抜き、中国は世界最大のGDP大国となるでしょう。中国はいま、そのことを念頭において、新シルクロードで盛んに種まきをしているわけです。

AIIBやシルクロード基金は「中国版マーシャル・プラン」

中国は2014年12月末、400億ドル（約4兆7800億円）を出資して「シルクロード基金」というファンドを設立しました。

こちらはAIIBのように各国の参加を求める国際開発金融機関ではなく、中国の中央銀行である中国人民銀行が管轄し、外貨準備を当てるほか、政府系ファンドの中国投資有限責任公司、国家開発銀行などが出資します。やはりシルクロード沿いの各国に援助や融資をします。

さきほどＡＩＩＢはアジア開銀の後追いと見ることができると述べましたが、ＡＩＩＢやシルクロード基金は、アメリカが第二次世界大戦後に展開した「マーシャル・プラン」（欧州復興計画）の後追い、もしくはコピーだ、とも考えることができるでしょう。

実際、中国では「中国版マーシャル・プラン」という言葉が使われています。戦後のマーシャル・プランは、西欧諸国の復興に貢献しつつ、アメリカ企業に巨大なマーケットをもたらし、アメリカ中心の国際金融秩序やドルの基軸通貨化を実現しました。中国もアジア諸国の復興に貢献しつつ、中国企業に巨大なマーケットをもたらし、中国中心の国際金融秩序や人民元の基軸通貨化を狙っているわけです。

「一帯一路」のうち「21世紀海上シルクロード」の一部をなす「真珠の首飾り戦略」と呼ばれるものにも触れておきましょう。「真珠の首飾り」は、米国防総省が部内報告書で使った表現です。

中国は南シナ海、マラッカ海峡、インド洋、ペルシャ湾沿いの各国と特殊な外交関係を構築し、拠点となる港湾・空港を点々と配置して、軍事力を背景に影響力を強めようとしている。それらの港と航路をつなぐと、ユーラシア大陸の南側に真珠の首飾りがぶら下がっているように見える、というのです。

中国が南シナ海の岩礁を埋め立てて盛んに建設している海上の港湾・空港拠点は、まさに「真珠の首飾り」の一部をなすもので、フィリピンやベトナムが猛反発し、アメリカも「現状変更」に強い懸念を表明しています。

習近平は15年4月にパキスタンを訪問し、シルクロード基金の初案件として発電所建設への投資を決めました。

実は中国は、パキスタン西部のアラビア海沿い、インド半島の付け根とホルムズ海峡の中間に位置するグワダル港の開発を進めています。中国の国営企業が港湾の管轄権を移譲されており、この港も「真珠の首飾り」の一粒にあたります。

ロイター通信の報道によれば、中国とパキスタンは、エネルギーとインフラ開発に関して、中国がパキスタンに総額460億ドル（約5・5兆円）規模の支援を実施することで合意しました。グワダル港と中国の新疆ウイグル自治区を道路、鉄道、石油パイプラインなどで結ぶ計画で、これも「一帯一路」構想の一環です。

もっとも、計画はパキスタンからの独立を主張する反政府勢力が強い地域を通らざるをえず、実現を危ぶむ声も強いようです。新疆ウイグル自治区にも中国からの独立を主張するイスラム勢力があり、一帯一路で各地を連結することが、各地の反政府勢力を連結してしまう懸念も否定できません。

中国という国は、とりわけ指導者の威信を重視する首脳会談の席で、実現可能性はさて

中国の「真珠の首飾り」戦略

出典：アメリカ国防総省部"Energy Futures in Asia"などから作成

おき誇大な将来計画を開陳することがしばしばありますから、構想や計画の進捗状況を注意深く見守るべきなのでしょう。

AIIBに対する主要国の思惑

ＡＩＩＢに話を戻しましょう。

ＡＩＩＢ構想にもっとも強い警戒心を抱いたのはアメリカ、そしてアジア開発銀行を半世紀近く運営してきた日本です。

中国は当初、自国の出資比率を最大50％とする意向を表明していました。これでは中国だけの開発インフラ投資銀行になってしまいますから、日米が慎重だったのも無理はありません。

日米当局が指摘したのは、ＡＩＩＢはガバナンスがはっきりせず不透明性、融資基準も曖昧、環境問題に配慮した融資体制の整備が必要といった問題点でした。これも当然で、日米が出資したカネが中国主導で望ましくない国や施設に回っては困ります。融資基準が曖昧な甘い融資をして経営悪化を招くことも許されません。融資によって建設されたプラントや工場が大気中や河川に汚染物質をまき散らすのもダメです。

ところが、当初は東南アジアや中央アジアなど限られた国だけが参加すると見込まれたAIIBに、まずヨーロッパが加わりました。とくにイラク戦争などで行動をともにしアメリカの兄弟国のように見られているイギリスが、いち早く参加を表明しました。アメリカにも事前に知らせなかったようです。その後、ドイツ、フランス、イタリア、スペイン、オランダ、スイスなども参加を決めました。

ヨーロッパは、日米と異なり、アジアへの進出という意図があります。ギリシャ問題やウクライナ問題を抱えて景気もいまひとつですから、中国の巨大経済にコミットしておきたいでしょう。極東や南シナ海で中国と対峙する日米とは、中国との距離感も大きく違っています。

驚きをもって受け止められたのは、アメリカの同盟国である韓国とオーストラリアの参加でした。

アメリカと米韓相互防衛条約を結ぶ韓国、太平洋安全保障条約（ニュージーランドを含めたANZUS）を結ぶオーストラリアは、日米安全保障条約を結ぶ日本に近い立場。当然アメリカは不参加を求めたはずです。両国は、ヨーロッパの参加を見て、中国のやりたい放題にはならないと判断したのでしょう。

日本はＡＩＩＢと、どう付き合うべきか

そこで日本の対応です。日本は中国が主導するＡＩＩＢに、どのように関与していくべきでしょうか。あるいは、一切関与せずに無視を貫くべきでしょうか。

当面は様子見の慎重姿勢でよい、と私は考えています。というのは、中国はＡＩＩＢをアジア開銀のような本格的な国際機関にしていこうと考えているに違いないからです。

15年3月に北京で開かれた経済フォーラムの講演で、ＡＩＩＢ初代総裁に就任予定の金立群は、「中国はこれまでアメリカや日本を含む各国にＡＩＩＢについて説明してきた。ＡＩＩＢは世界銀行やＡＤＢを補完するもので、とって代わるものではない。現行の国際金融秩序を推進するもので、転覆を狙うものではない」と述べました。

これは中国の本音だろう、と私は見ています。日米の参加を求めてＡＩＩＢを国際社会全体が認めるかたちに持っていくことは、中国にとっても大きなメリットになります。おそらく中国は、現在およそ30％の出資比率を将来20％前後に落としても、日米の参加を待ち、受け入れようとするでしょう。

日米は、動き出したＡＩＩＢの活動をしばらく注視すべきです。その間おかしなことを

やるようならば、クレームをつければよいし、問題ないと判断すれば、2年後か3年後に参加しても遅くはありません。

ＡＩＩＢ、一帯一路、シルクロード基金など最近の中国が打ち出す世界戦略には、日本が参考にすべき点が、少なからずあるように思います。

中国は、地政学的に西方を重視し、中央アジア、南アジア、中東、東アフリカ、さらにアフリカ大陸全体に影響力を持とうと、きわめて自覚的に動いています。

たとえばアフリカともっとも貿易をしている国は、２００９年まではアメリカでした。それが現在では中国がトップで、貿易額はアメリカの3倍規模になっています。それまでに中国が、さまざまな手を打ち、下地づくりをしてきたことは見逃せません。

エチオピアの首都アディスアベバにあるアフリカ連合の本部ビルは、中国が２０１２年に2億ドル全額（当時のレートで約１７５億円）を負担して建てたものです。中国は世界各地で同じような〝プレゼント〟攻勢を盛んにかけています。

あまり報道されませんが、中国は「和平方舟」（Peace Ark）と呼ぶ最新病院船（９２０型）や、コンテナ船に医療モジュールとヘリポートを搭載した病院船を使って、アフリカやアジアの港を巡回する国際貢献に熱心に取り組んでいます。９２０型は米海軍の持つマーシー級病院船に次ぐ巨大病院船。中国はこうしたソフトパワー戦略を、したたかに、効果的に打ち出しています。病院船構想を長年議論しながら一向に実現しない日本とは、残念ながら大違いなのです。

国際社会では「カネで友情を買う」など憎まれ口も耳にしますが、即断即決ドーンとカネを突っ込めば必ず返ってくるという合理的な割り切り方は、やはり中国ならではです。何事も慎重に構え、さまざまなリスクを勘案した挙げ句、やめておこうとなりがちな日本は、中国の積極果敢な戦略に学ぶところが大きいでしょう。

第2章

中国バブル崩壊で世界はどうなる?

――中国経済の「いま」を読み解く〈その2〉

15年6月、上海株式の暴落が始まった

第1章で、アジアインフラ投資銀行は、中国の脅威といたずらに恐れるような組織ではなく、やがて本格的な国際機関に落ち着いていくだろう、とお話ししました。

ヨーロッパ主要国をはじめ国際社会も、そのように見て納得したからこそ、中国はＡＩＩＢに想定以上の参加国を集めることができたわけです。

その時点、つまり２０１５年の前半までは、株価もどんどん上がっていました。中国経済の先行きへの懸念や、バブル崩壊を警告する声がなかったとはいいませんが、それは背景に退き、中国はそこそこうまくやっているという見方が前面に出ていました。

ところが、そうは問屋が卸しません。

14年後半から上昇していた上海市場の株価が、15年6月12日に上海総合指数（上海証券取引所の１９９０年12月19日の時価総額を１００とする指数で、日本のＴＯＰＩＸ＝東証株価指数にあたる）が５１６６ポイントと7年5か月ぶりの高値をつけたのをピークに、翌週の月曜15日から一気に下落に転じたのです。

売りのきっかけはギリシャ情勢の混迷と見えましたが、その後は株式バブル崩壊への懸

上海総合指数（２年間）

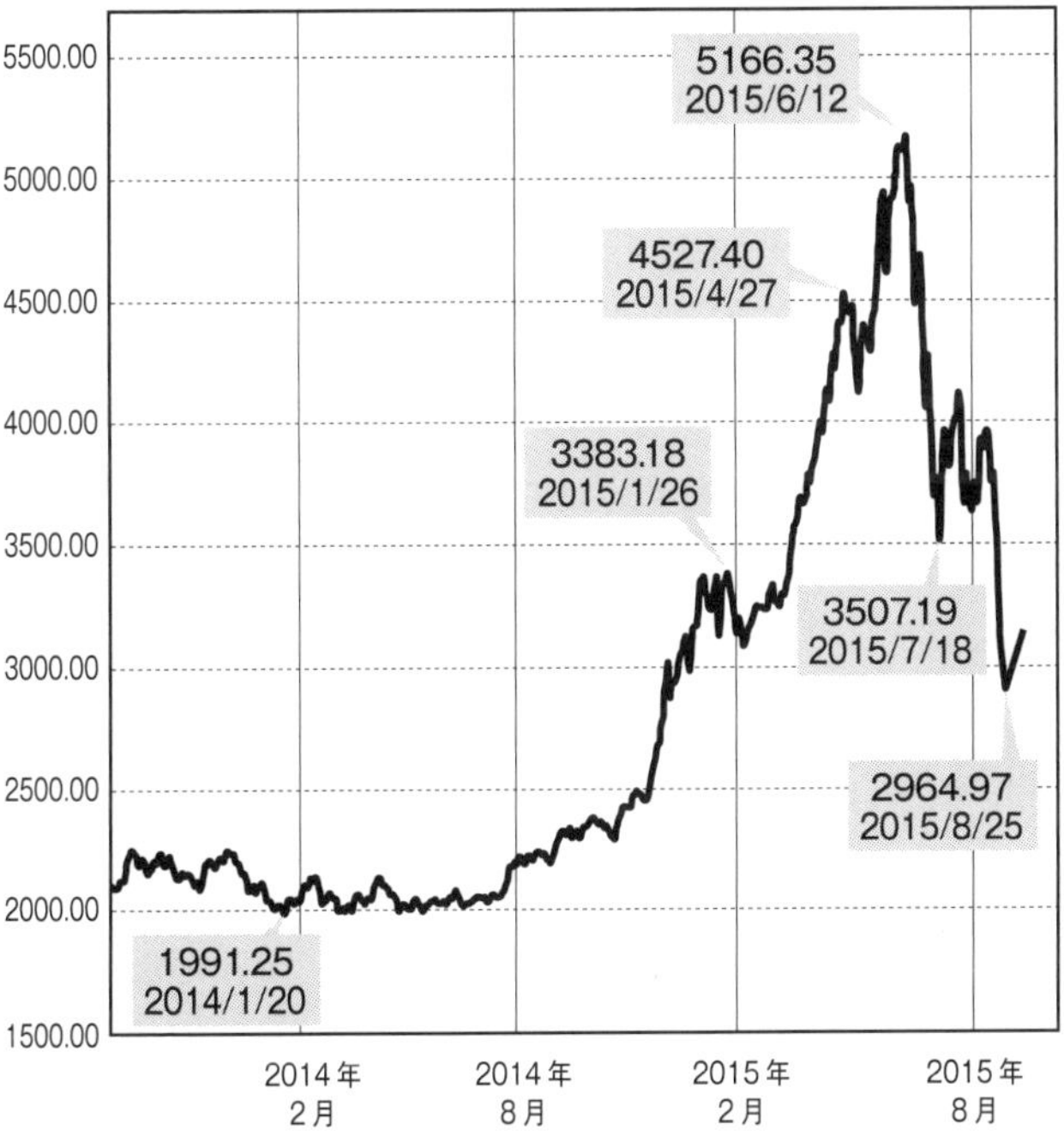

出典：finace.yahoo.com ほかより編集部作成

念から値崩れが広がり、値下げ幅は7月6日までの3週間で3割超に達しました。

これに対して中国当局は、特定銘柄の売買停止、大株主の半年間の株式売却禁止、証券会社やブローカー21社に総額2兆4000億円分の投資信託購入を命令、政府系金融機関や資金運用会社・保険会社などを動員した相場下支え（特定銘柄の買い支え）、悪質な空売りの摘発など、なりふり構わぬ強引な株価対策を実施しました。

相場を下支えする金融機関やファンドは「国家隊」（ナショナルチーム）と呼ばれ、当局がなんとしても値下がりを食い止めたい銘柄に資金をガンガン投入します。対象となる株式は「ハーレム株」といい、たとえば国営の大手石油会社などがそうですが、買い支えるかどうかの選択は恣意的です。空売りが一切ダメではなく、悪質なものだけダメといっても、やってよいことと悪いことの線引きは、はっきりしません。

だから、ふつうの資本主義国のマーケットでは考えられない、まさに「国家資本主義」的な市場介入なのですが、それで株価はいったん持ち直したように見えました。

しかし7月下旬、国際通貨基金ＩＭＦが、株式市場をゆがめるような介入をこれ以上行わないよう中国に警告。これを受けて当局や人民銀行が介入を手控えたことから、個人投資家のパニック売り一色となりました。7月27日は下落率8・48％、翌日も一時5％安という暴落で、これが第2波の下げです。

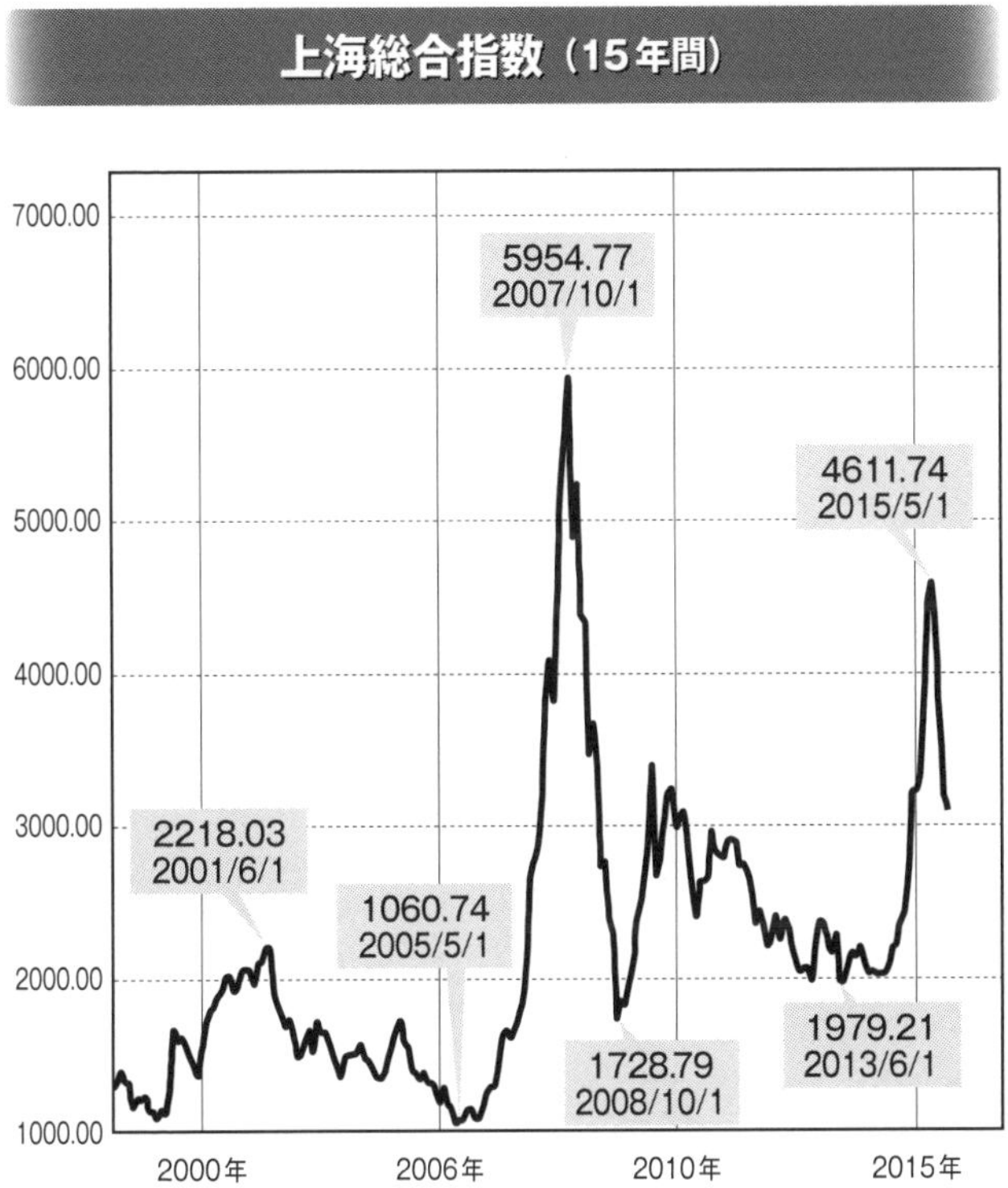

出典：finace.yahoo.com ほかより編集部作成

さらに、4週間後の8月24日~25日に第3波の下げがありました。24日の下落率は8・49%で3分の2以上の銘柄がストップ安（値幅制限10%いっぱいの値下がり）、翌日も一時6・4%まで下げました。これも週末に当局が動かなかったため、月曜日から一気に下げるパターンでした。

15年6月中旬から8月下旬にかけて、中国が株価下支えに投入した資金は、官民合わせて4兆元とも5兆元とも（約80~100兆円）いわれています。日本の1年の国家予算に近い膨大なカネが、わずか40日ほどで消えてしまったわけです。

中国の実体経済の悪化が明るみに出てきた

一連の株価下落が進む過程で、それ以前には見られなかった二つの問題が浮き彫りになりました。第1に、中国の実体経済の悪化が明るみに出てきたこと。第2に、中国初の株安が各国に波及し、世界同時株安の様相を呈したことです。

第1の問題では、たとえば、8月21日にイギリス系民間調査会社の発表した中国製造業の購買者担当指数（PMI=Purchasing Manager's Index）が6年半ぶりの低水準に落ち込みました。

ＰＭＩは企業の購買（仕入れ）担当者にアンケート調査やヒアリングをおこなって新規受注・生産高・受注残・価格・雇用・購買数量などのデータを集め、一定のウェイトを掛けて算出する景況指数。数か月先の景気を敏感に示すとされています。

これを見て、中国の景気は政府が発表する公式統計以上に悪化が進んでいるのではないか、との疑念が投資家に広がり、売りを広げました。株価以外どうもパッとしないという漠たるイメージでとらえられていた中国の景気減退が、現実的なリスクとして明確に意識されるようになったのです。

同じころに発表された15年４‐６月期のＧＤＰ成長率は７・０％と予測を上回りましたが、中国ではこうした数値の発表が先進各国より早いこともあって、指標そのものの信憑性に疑問が持たれています。

経済規模が大きくデータ収集に時間がかかり、しかもＩＴ化が各国より遅れているはずなのに早いのは、そもそもデータの取り方が荒っぽく、そろわない部分を予測・目標データで置き換えるといった操作があって、結果的に水増しされた数値になっているのではないか、というわけです。

中国には「李克強指数」（李インデックス）と呼ばれる、興味深い経済指標があります。これは、①電力消費量（発電量）、②鉄道貨物輸送量、③銀行融資（中長期新規貸出残高）

の三つです。もともと李克強《リー・クーチアン》首相が、遼寧省共産党委員会書記だった２００７年ころに、景気の実態を表すものとしてとくに重視し、省経済の分析に使っていたデータとされています。

李克強自身が「中国の経済指標は、ほとんど当てにならない。信頼できるのは、電力消費表、鉄道貨物輸送量、銀行融資の三つだけだ」と語ったことがある、という話まで、まことしやかに流布されているのです。２０１１年以降の三つのデータを並べて紹介しておきましょう。

三つを単一指標に一本化した「李克強指数」も存在します。李克強が首相に就任したときエコノミストが考案したもので、異なる分野の数値、場合によっては打ち消しあってしまうデータを（均等ウェイトまたは適当なウェイトづけをほどこして）合算し一つにまとめてあるので、あまり信用しないほうがよさそうですが。

李克強指数を見ると、年末年始に極端に下がるなど経済活動の大小を如実に示す電力消費量は、11年から緩やかな低下傾向にあり、とくに13年半ばから落ちています。鉄道貨物輸送量は、さらにはっきりした低下傾向で、13年末から落ち込みが激しくなっています。これは国内需要の低迷を意味するでしょう。中国の主要な経済指標も、このことをはっきり裏づけています。

「李克強指数」構成要素の推移

「李克強指数」とは、李首相の名前をとってメディアが発表したとされる。首相が遼寧省トップを務めていた際、景気の参考指標として「電力消費量（発電量）」「銀行融資」「鉄道輸送量」の３項目を上げたことに由来する。

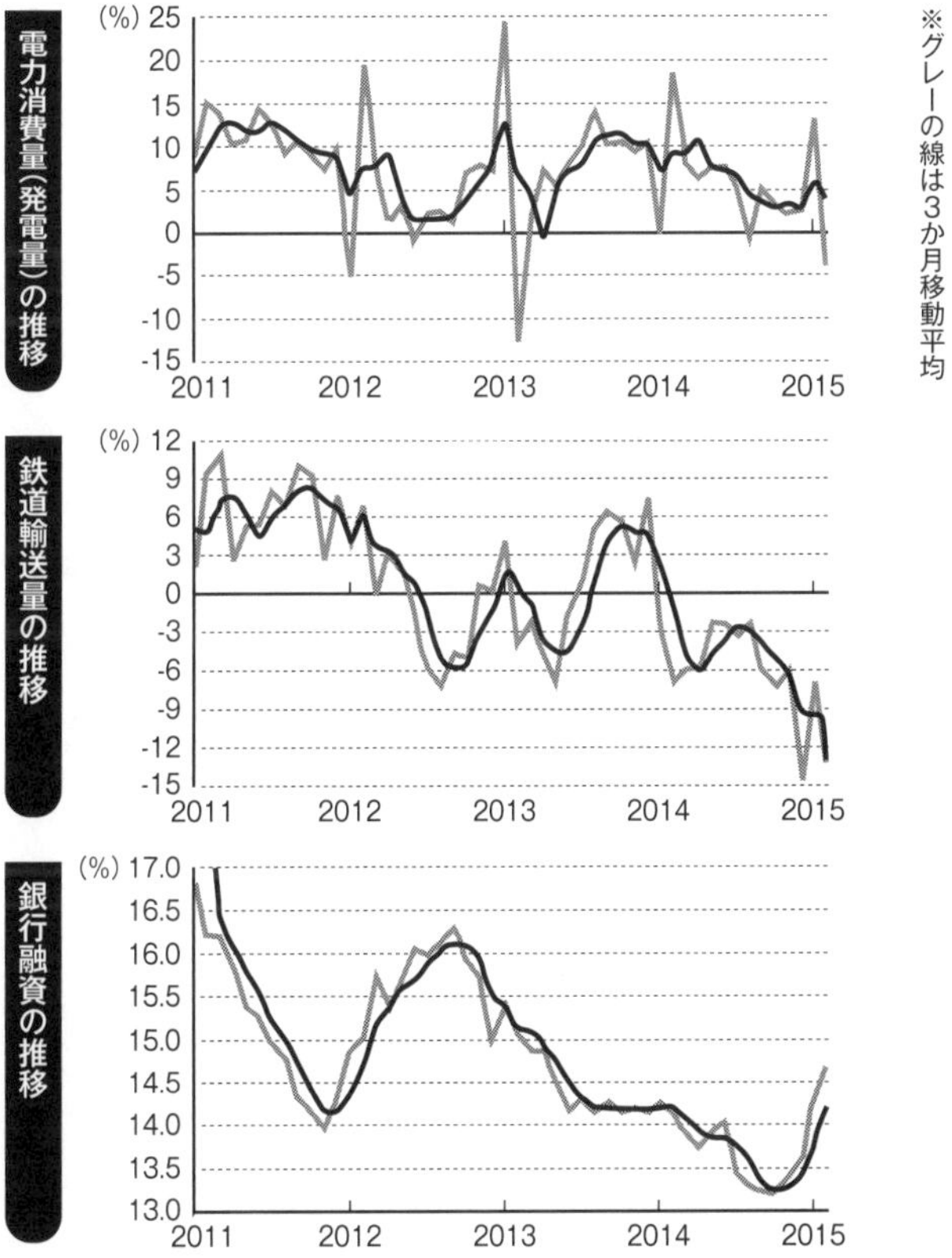

出典：中国国家統計局

銀行融資残高は、12年半ばからの低下が、14年後半から上昇に転じました。これは、ここ数年、とりわけ不動産バブルの崩壊を警戒して不動産投資への規制強化や金融引き締めを強めていた中国当局が、住宅市況の不振などが続く景気低迷から抜けだそうと、規制緩和に方向転換したからです。

14年秋には、中央でも地方でも不動産投資の規制緩和が始まり、人民銀行が住宅ローンの融資基準を緩和しました。人民銀行は14年11月に2年4か月ぶりの利下げに踏み切り、15年に入っても預金準備率引き下げや再利下げに動いています。

こうした規制緩和や金融緩和で市中にあふれた資金が株式に向かった結果、上海市場や深圳市場が活況を呈したのです。

一方で国内の経済活動は低迷したままでした。ですから、最近の株価上昇は実体経済の裏づけに欠けたバブルの膨張で、「官製相場」と指摘する向きもありました。このバブルが15年6月中旬に弾けたわけです。

中国発の世界同時株安が始まった

露呈してきた第2の問題は、15年8月下旬に、ニューヨーク、東京をはじめ世界の株式

中国のファンダメンタルズ〈経済主要指標〉
(2010～2015年1-6月)

（単位：前年比、%）

	2010	2011	2012	2013	2014	2015.1-6
実質GDP成長率	10.3	9.2	7.8	7.7	7.4	7.0
固定資本形成	23.8	23.6	20.6	19.6	15.7	11.4
不動産投資	33.2	27.9	16.2	19.8	10.5	5.7
小売総額	18.4	17.1	14.3	13.1	12.0	10.5
輸　出	31.3	20.3	7.9	7.9	6.1	0.9
輸　入	38.7	24.9	4.3	7.3	0.4	-15.5
消費者物価上昇率	3.3	5.4	2.6	2.6	2.0	1.3
都市部失業率	4.3	4.1	4.1	5.0	5.1	5.1

（注）①都市部住民の実質収入は１人当たり可処分所得、農村住民の収入は１人当たり純収入である。②都市部失業率は、2012年までは、登録失業率であるのに対して、13年以降は調査ベースの失業率である。③都市部失業率は、各年の％

◉実質GDPの推移

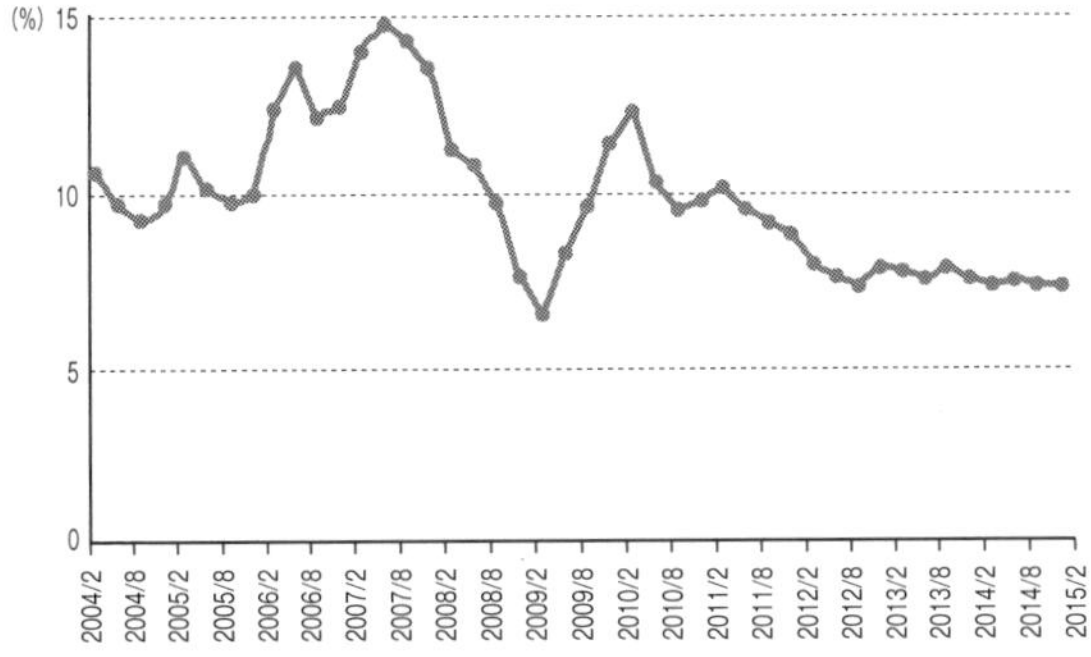

出典：中国国家統計局、中国商務部、中国人民銀行、中国人力資源社会保障部

市場が同時株安に見舞われたことです。

8月24日の東京株式市場は全面安の展開となり、日経平均株価（225種）は前週末から900円近く値下がりし、下落率は4・6％。25日も15年2月から半年ぶりに日経平均1万8000円を割り込みました。1日の変動幅が1087円というジェットコースターのような乱高下で、大荒れの相場でした。

同じく24日のニューヨーク株式市場でも下落幅が一時1000ドルを超え、ダウ平均株価（30種）は約1年半ぶりの安値をつけました。アジアや欧州の主要市場でも株価は大幅に下落しました。

世界同時株安の理由の一つは、中国経済の減速への懸念が強まったからです。

中国の実体経済の悪化を示す指標が出て、上海市場の株価が下げ止まらず第3波に至ったうえ、8月上旬に中国人民銀行が、通貨・人民元の取り引きの目安となる「基準値」を突然大幅に引き下げたこと（元のドルに対する切り下げ）も、中国が輸出減退を深刻にとらえていることを示すサインと受け止められました。

同時株安の理由にもう一つ、アメリカの金融政策をめぐる不透明感を指摘する向きもあります。

2008年のリーマン・ショックで大打撃を受けたアメリカ経済は、日本の日本銀行に

世界同時株安

2015年8月下旬、中国の景気減速や米国の利上げへの警戒感などから、株式市場から急速にマネーが逃避。リスク資産を手放す動きはまたたく間に世界に広がり、アジアと欧州、アメリカで株安が連鎖した。8月25日には日経平均株価が半年ぶりに1万8000円を下回り、この1週間の下落率は13%に達した。中国では上海総合指数が3000ポイントを割り込み、1週間で20%下落した。

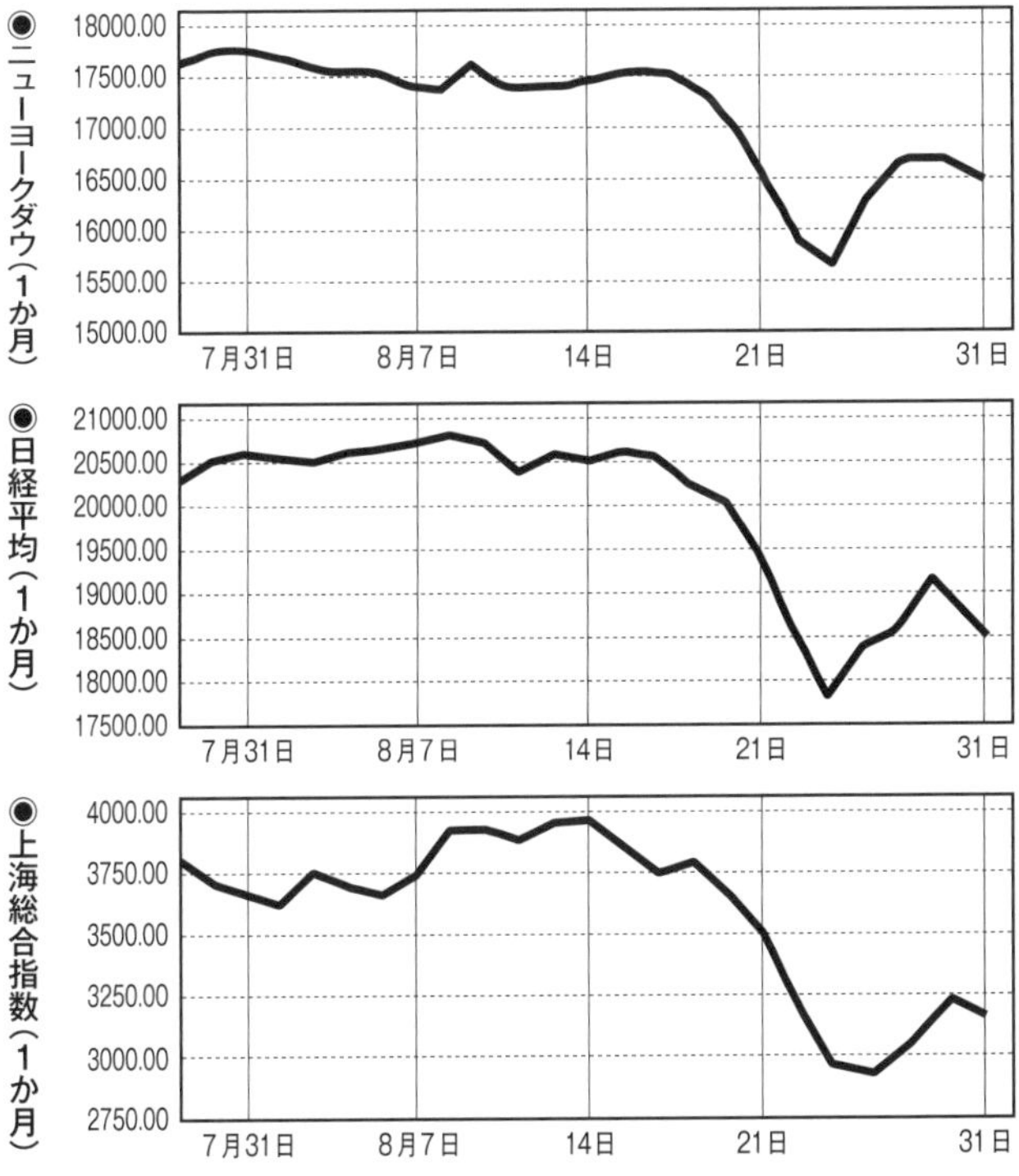

出典：finace.yahoo.com ほかより編集部作成

あたる連邦準備制度理事会（FRB）が3次にわたる量的金融緩和（QE＝Quantitative easing　QE1は08年11月～10年6月、QE2は10年11月～11年6月、QE3は12年9月～）を実施し、グレート・リセッションのショックから復活。いつゼロ金利政策を改めて金利を引き上げるか、タイミングを計る段階にきており、15年9月にも利上げかという観測がありました。

中国経済の減速は、中国との貿易に大きく依存する新興国の経済に悪影響を与えます。そんななかでFRBが政策金利を引き上げれば、新興国に向かっていた資金を引き揚げ、より高金利が見込めるドルに移す動きが加速します。すると、新興国の通貨が下落するなどして、世界経済に悪影響が広がりかねないのです。このことを懸念して株式が売られました。

中国の追加金融緩和は、世界同時株安を食い止められるか

市場には一時、世界同時株安に歯止めがかかるのか、終息までにかなり時間がかかるのではないか、という不安も広がりました。

しかし、第3波に対する当局の動きはすばやく、中国人民銀行が25日夜に追加の金融緩

和政策（金融機関が企業に貸し出す基準金利を0・25％引き下げ年4・6％に、預金基準金利も同じく年1・75％にするとともに、金融機関の預金準備率を0・5％引き下げ）を発表しています。

すると、東京でもニューヨークでも大きく値下がりした株式を買い戻す動きが見られ、株価は反発しました。26日のニューヨーク株式市場は、およそ6年10か月ぶりというダウ平均600ドル以上の大幅な上昇でした。

不透明だったアメリカの金融政策についても、FRBの利上げ時期が遅れるという見方が広がり、買いにつながりました。

基本的には、金利が上がると株価は下がり、金利が下がると株価は上がります。金利が高ければ株式に投資するまでもなく預金で利子を受け取ればよいと思う人が増え、低ければ預金しても利子がつかないため株式に投資しようと思う人が増える、という理屈です。

大きな利上げによる株式市場の急落・暴落は、歴史的にも繰り返されてきましたから、利上げが近いと見れば投資家は株式市場から逃げ出します。利上げが先延ばしと見れば、株価下落が遠のいたと判断して株式市場に戻ってきます。

もっとも、株価の乱高下はしばらく続くでしょうし、世界同時株安の連鎖が完全に食い止められた、とまでは楽観できません。いたずらに悲観する必要はありませんが、慎重に推移を見守るべきなのでしょう。

中国の高度成長は終わり、安定成長が始まった

中国の株価暴落で、まず指摘しておかなければならないのは、中国では、成長率10％前後の「高度成長期」がはっきり終わり、成長率7％前後の「安定成長期」に入ってきたことです。

このことは中国の習近平政権も自覚しています。2014年12月上旬の「中央経済工作会議」では、15年の経済政策運営について、次のような認識や方針が掲げられました。

●中国経済は「新常態」（ニューノーマル）に入った。
●成長率の目標を、14年の「7・5％前後」から、15年は「7％前後」に引き下げる。
●「高速成長」から「中高速成長」へ。
●積極的な財政政策と穏健な金融政策で「穏中求進」（安定の中での前進）を目指す。
●経済体制改革を加速させる。

「新常態」は、習近平が14年5月の河南省視察のとき初めて口にしたとされ、同年8月には人民日報が盛んにキャンペーン報道をして、人口に膾炙しました。

ようするに、経済のステージが高成長から安定成長に変わり、それが新しいノーマルな状態になった。だから、むりやり高い成長目標を掲げるのやめる。現実的な目標を打ち出して、ソフトランディングを目指す、というのです。

15年になって発表された14年通年のＧＤＰ成長率は７・４％でした。７・５％の政府目標を下回ったのは実に16年ぶりで、これも中国経済が大きな曲がり角を迎えたことを示しています。

「穏中求進」は以前から掲げられているスローガンで、安定成長をしながら経済改革を進めていきます。会議では中国経済をめぐるトレンド変化が９項目に整理されました。消費の個性化・多様化、従来型産業に代わる新技術・新業態への移行、賃金上昇による輸出優位性の減退、サービス業や中小企業の重視と小型化・インテリジェント化、イノベーション、市場競争や健全な市場メカニズムの拡大、環境に配慮した経済発展などで、それぞれに対応する構造改革が必要だ、というのです。

かつて日本で叫ばれた、ライフスタイルの多様化、サービス化、「軽薄短小」などを連想させる内容ですね。中国は、共産主義を掲げながら資本主義をやっていますが、実は「国家資本主義」の国。これを、ふつうの資本主義に近づけていくことになります。

中国が目指す経済改革は、「量から質へ」「量から効率へ」と言い換えてもよいでしょう。

あとで詳しく見ますが、中国経済には、投資する「量」をもっぱら重視して、何に投資するかという「質」を問わない傾向が、少なからずあります。製造業や建設業に重きを置いて盛んに「箱モノ」をつくり、消費を軽んじてサービス業の発展が遅れがちなのです。その結果、設備過剰の工場で在庫が積み上がったり、誰も入居しないアパート群が林立したり、ということが起こってしまいます。

一方で、IT化が進み、携帯やパソコンで情報が瞬く間に中国全土に広がる社会になっていますから、非効率な経済運営や国・地方のムダ遣いは、すぐ国民に知れわたります。それが政権批判に結びつくことを避けるには、生産者よりから消費者よりに立場を移さなければなりません。

いずれにせよ、確かなことは、中国経済は高度成長期から安定成長期への移行期にあって、移行期には混乱が付き物だ、ということです。今回の株式バブルの崩壊も、そんな混乱の一つととらえるべきだ、と私は考えています。

高成長から安定成長への移行期には、経済的な混乱がつきものだ

どの国を見ても、国民の衣食住をとりあえず満足させなければならない段階で、経済を

急成長させます。というより、誰もが家をほしい、家具や家電も最低限そろえたい、できれば車もほしいと思い続けるうちは、放っておいても経済が急成長するのです。

人びとの欲求がひとまず満たされた段階で安定成長に移行することは、必然的な流れです。移行に経済的な混乱がともなうことも、やはり必然というべきなのでしょう。

戦後の日本経済を振り返っても、そうでした。日本の高度成長期は1954（昭和29）年12月から1973（昭和48）年11月までの約19年間で、安定成長期への移行は73年前後です。ちょうどそのとき日本はオイルショック（第一次石油危機）に見舞われ、経済が大きく混乱しました。

引き金となったのは、たまたま73年10月に第四次中東戦争が勃発して、石油輸出国機構（OPEC）に加盟する産油国が原油価格引き上げ・生産削減に踏み切ったことです。すると、田中角栄の日本列島改造ブームによる地価急騰で始まっていたインフレがいっそう加速して、「狂乱物価」とまでいわれました。

当時の経済にバブル的な側面が色濃くあったことは間違いなく、インフレを抑えるため公定歩合を9％に引き上げるといった引き締め策が打ち出されました。このとき日本は戦後初めてのマイナス成長になっています。

日本の過去と中国の現在を比較することは、必ずしも適切ではないにせよ、移行期の経済的な混乱には共通点があるでしょう。

高度成長が飽和状態に向かって進めば、バブル的な部分も膨らんでいきます。成長のステージが変われば、以前のバブルは破裂せざるをえません。高度成長期には、社会や企業のシステムや人びとの思考・行動様式も高成長に合ったものになっていますから、新しい安定成長期に対応するものに変わるまでに、かなり時間がかかります。

高度成長から安定成長への移行というのは、多かれ少なかれバブル的な経済の崩壊や調整、さまざまな制度や慣行の変更をともないながら、何年もの時間をかけて進んでいくプロセスなのです。

2011年まで30年以上も平均10％の高度成長を持続

ここで、中国の高度成長期を振り返ることにしましょう。

IMFのデータによると、中国のGDP実質成長率は、1980～2011年の32年間の平均で10・03％です。中国は、この間ずっと高度成長を続けていたと考えて、かまわないでしょう。

中国が鄧小平《ダン・シャオピン》の指導下に「改革開放」（国内の体制改革と対外的な開放政策）に転じ

中国GDP成長率の推移

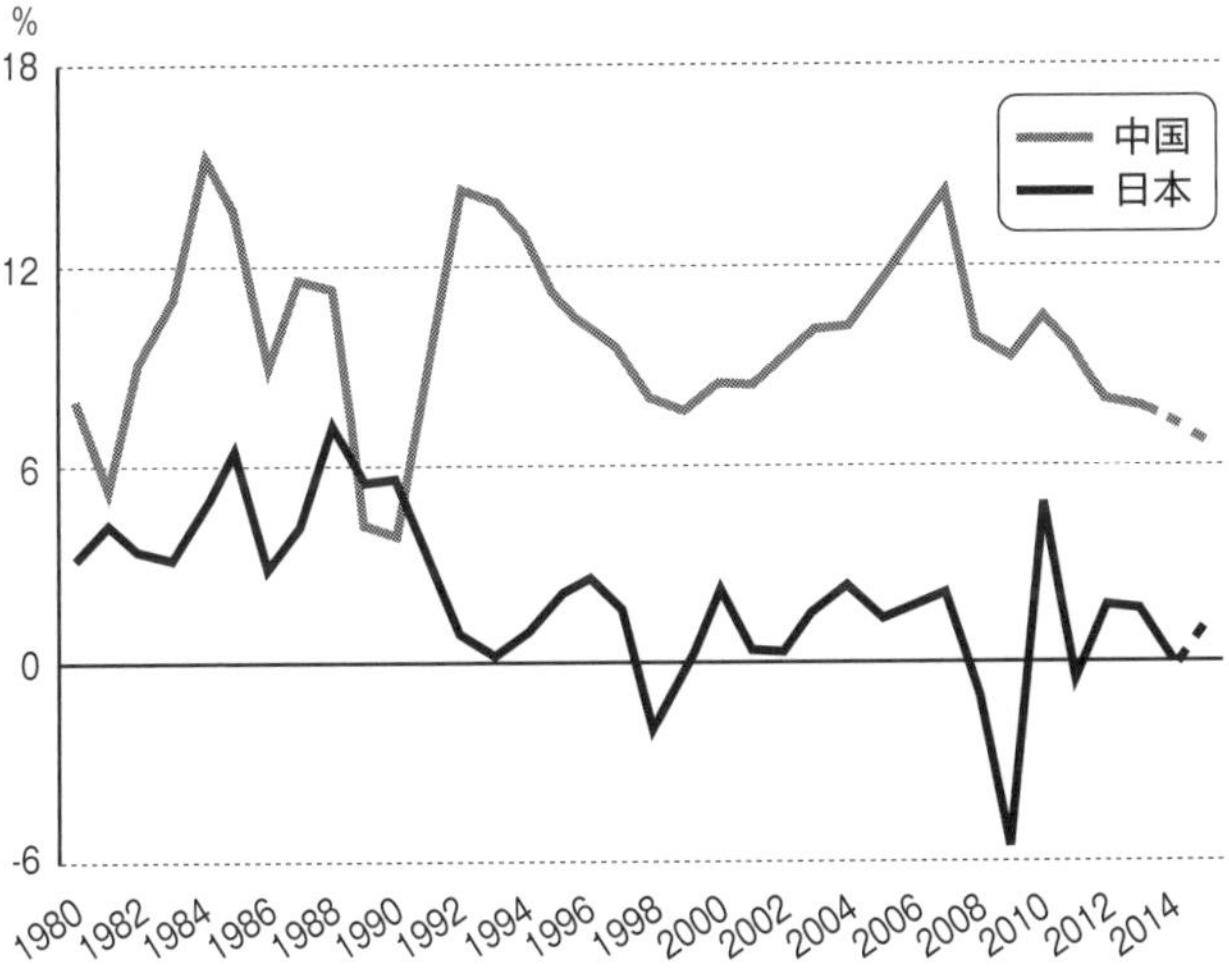

経済成長率は、GDP が前年比でどの程度成長したかを表す数値

経済成長率 ＝ (当年の GDP－前年の GDP) ÷ 前年の GDP × 100

出典：IMF（2015 年 4 月推計）

たのは1978年12月です。彼は10月に来日して新幹線に乗り、新日鉄の製鉄所やトヨタ自動車の工場を見学し、日本の大躍進に学ぼうと考えました。

「白猫であれ黒猫であれ、鼠を捕るのがよい猫だ」といった鄧小平は、生産力の増大を重視し、目標さえ達成できれば細かい手段を問う必要はない、という柔軟で現実的な考え方の持ち主でした。その現実路線は天安門事件で一時中断しましたが、鄧は92年に武漢・深圳・上海など南方の沿岸部を視察して「南巡講話」を出し、改革開放路線を再び推進していきます。

30年以上の期間を細かく見れば、81年5・2%、89年4・1%、90年3・8%と成長率がかなり「低い」ときもありました。

もっとも以上に次いで低いのは99年の7・6%。同じ期間に日本のもっとも高い成長率が90年5・57%ですから、低いからといってなんなのだ、という感じは否めませんが。

81年は毛沢東夫人の江青に死刑判決が出て文化大革命が完全否定された年。89年は民主化を求めて中国・北京の天安門広場に集まった学生や市民を中国人民解放軍が弾圧し多数の死者（中国側発表で319人、米外交公電では1000人以上、ソ連公文書では3000人規模）を出した天安門事件のあった年。90年はその翌年。いずれも政治的混乱で一時的に経済が減速したと説明できるでしょう。

東西冷戦が終わり天安門事件の傷も癒え、中国が国際社会に本格的に登場してからは、92～96年の5年間に10～14％の二ケタ成長。97年のアジア通貨危機の影響があった98～99年も8％近い成長。03～07年の5年間は再び10～14％の二ケタ成長。07年夏の米サブプライムローン破綻や08年秋のリーマン・ショック後の08～11年も、10年の二ケタ成長をはさんで9％台の成長です。

2011年まで20年間の中国経済の力強さは際立っており、世界でも例外中の例外というべき高成長でした。高度成長期の中国は8～9％成長を余裕で持続できる〝基礎体力〟を持っており、中国経済はこの間、50～70年代の日本が大陸に五つも六つも出現したかのような活況を呈していたのです。

高度成長には、つねに「バブル崩壊」懸念がつきまとう

しかし、高度成長期の中国経済には、つねに「バブル崩壊」の懸念がつきまとってきました。欧米や日本では「バブルが弾ける寸前だ」「事実上の崩壊が始まった」という見方が広がっては消えることが、しばしば繰り返されました。

「バブルは、弾けて初めてバブルとわかる」

これは、1987年から2006年まで5期にわたってFRB議長を務めたアラン・グリーンスパンの言葉です。

グリーンスパンは、東西冷戦が終わり、いわゆる「テロとの戦い」が本格化していく時期のアメリカ経済を導いて「マエストロ」「金融の魔術師」の異名を取りました。一方で彼は、01年から金利を歴史的な低水準におく金融緩和策を続け、これが住宅バブルを招きひいては住宅バブル崩壊やサブプライムローン破綻を招いた、つまりリーマン・ショックをもたらした最大の責任者だ、とも批判されている人物です。

グリーンスパンがいうように、バブル経済の見きわめは容易ではありません。バブルは世界のどこかで、つねに膨らんでは弾けているのに、大規模な崩壊以外は見過ごされているのかもしれません。

あるいは、バブル経済は一気に弾けて崩壊したときだけ「バブル経済」と呼ばれ、弾けずにしぼんだものは「バブル気味の経済」と呼ばれる、というべきでしょうか。

中国ではバブル気味の経済が繰り返し出現しています。たとえば、成長率が14%と高かった1992~93年と2007年は、株式や不動産市場が過熱したバブル気味の経済でしたが、中国は危険水域をなんとか乗り切っています。上海総合指数は07年秋の6000が09年秋に2000を割り込み、株式バブルの大きな調整がありましたが、バブルの崩壊とまではいわれませんでした。

リーマン・ショックのあと、２０１０年前後もバブル気味でした。景気後退を恐れた中国は、09～10年に総額４兆元（当時60兆円弱）の大規模な景気刺激策を実施しました。具体的なメニューは、鉄道・道路・空港・港湾などインフラ整備、四川大地震の復興支援、中低所得層向けの住宅整備、研究開発部門への投資、農村のインフラ整備、環境投資、医療・教育整備などです。

これが建設ラッシュにつながって中国の不動産価格は急上昇。とくに上海や北京といった大都市では、マンション価格が一般の所得からかけ離れた水準に跳ね上がりました。

08年の北京オリンピックと10年の上海万博も、不動産バブルの膨張を後押ししました。オリンピックや万国博覧会などの巨大な国家イベントは、それ自体で一時的なバブルの側面を持っています。開催前は土木建設業界が潤い、開催中はサービス業界が潤いますが、開催後はガランとした施設が残ってしまうからです。国が鉄道や空港などのインフラを整備したり、企業が工場設備や研究開発に投資するのとは、かなり違います。

２０２０年に東京オリンピック・パラリンピックを控えた私たちは、このことを肝に銘じておかなければいけません。日本は、１９６４（昭和39）年秋に東京オリンピックを開催した直後、バブル崩壊の一種というべき「証券不況」（40年不況）に突入しています。

取り付け騒ぎに見舞われた山一證券は、大蔵大臣だった田中角栄が発動した無担保・無制限の日銀特融（特別融資）で救われたのです。

二大イベントが終わると、中国政府は懸命にバブルを抑えにかかりました。不動産の過熱は、金利を上げる、支払い準備率を上げるなど金融引き締め策で冷まします。マクロ政策と同時に、業者への融資制限、購入者の頭金割合引き上げといったキメ細かい施策も講じています。

それでも上海や深圳など大都市では、アパート価格が高止まりのまま空き室率が急上昇しました。過剰で非効率な建設・設備投資が横行し、シャドーバンキング（影の銀行）も大きい中国では当然、膨大な不良債権が生じました。これらが不動産市場の崩壊につながりかねない懸念が強くあったのです。しかし、一気にバブルが崩壊することはなく、住宅価格は徐々に下がっていきました。

巨大クラッシュを回避して、中国はそこそこうまくやってきた

結局、バブル気味だった中国経済は、当局が早い段階から警戒し対策を打ち出したことで、日本のバブル崩壊（91年）やアメリカのリーマン・ショックのような巨大なクラッシ

ュなしに、高度成長から安定成長に移行しはじめたわけです。

中国はそこそこうまくやった、しかも国家資本主義の〝長所〟を最大限に発揮してうまくやってきた、と私はとらえています。

中国のインフレ（物価上昇）率は93～95年に十数％以上（最大24・1％）、07～08年に5～6％近くと、かなりの高さです。78～97年まで20年間のインフレ率は平均７・３％というデータがあります。食料価格が二ケタの上昇を示すこともよくあります。インドも同じですが、巨大な人口を抱えて農業が主要産業になっており、気候変動の影響を受けやすい、農業技術や物流整備が遅れているといった問題があるからです。

そして、インフレ率が高い中国のような新興国は、金融政策のかじ取りが非常に難しいのです。インフレを抑制しようと金融を引き締めれば景気が後退してしまい、引き締めをやめればインフレを抑制できない、というジレンマです。

中国は巨大な格差社会で、都市部でＩＴ長者、不動産長者、株長者などの金持ちがどんどん増える一方、農民や都市の出稼ぎ労働者の不満がつねにくすぶっています。インフレは人びとの生活に直結する問題ですから、インフレが高じると不満が爆発しかねません。中国の地方都市で行政の腐敗に怒った住民が警官隊と衝突したという報道をよく見かけますが、そんな抗議が全国に拡大することを中国政府は強く警戒しています。

ですからインフレを抑え込むために、金融を締めざるをえませんが、やりすぎると実体経済が冷え込んでしまいます。この避けられないジレンマを考えれば、中国当局のマクロ経済の舵取りは、そこそこ高く評価してよいでしょう。

なにしろ日本もアメリカも、バブル経済の膨張に気づかず、あるいは兆候に気づいていても必要な手を打たず、バブル崩壊やリーマン・ショックを招いてしまいました。中国で、これまで同じような巨大クラッシュが起こっていないことは確かなのです。

一つには、中国が国家資本主義だからでしょう。もう一つは、中国が「あとから来た」資本主義国で、弾けるまでバブルに気づかなかった日米の先例に学び、同じ轍を踏まないように「バブル崩壊の芽」を摘んできたからだろう、と私は考えています。

シャドーバンキングやアングラ経済をどう見るか

経済統計が信頼性に欠ける話と似ていますが、中国はシャドーバンキングやアングラ経済のウェイトが高いといわれています。これについても触れておきましょう。

中国政府のシンクタンクである社会科学院は13年10月、「中国経済におけるシャドーバンキングの規模が20・5兆元（約328兆円）に達している可能性がある」と発表したことがあります。これは市場データに基づく推定で、社会科学院の公式データを使えば規模は14・6兆元（約２３４兆円）というのです。

ほかにも推計値がいくつかあり、上海証券研究所は27・9兆元（約４５０兆円）、ＪＰモルガンは36兆元（約５８０兆円）、ＩＭＦはＧＤＰの55％（推定時に約４６０兆円）としています。

もっとも、そもそもシャドーバンキングの定義が不明確ですし、その資金がすべて過剰融資や不良債権というわけでもありません。

中国では、主要銀行がすべて国有で、そもそも土地がすべて国有です。日本のように不動産を担保に入れる融資がなく、旧来の国有企業が幅をきかせて中小企業向けの融資制度が整っていません。ですから、民間の銀行、消費者金融的な業者、さらにはヤミ金業者が増えるのは当たり前なのです。

シャドーバンキングは健全なのかといえば、マイナス面もあればプラス面もあります。シャドーバンキングは、それなしではカネがうまく回らないからこそ成長したのです。日本のサラ金も同じで、みんな悪い悪いといいますが、銀行も誰も融資をしてくれないときサラ金のお陰で救われた零細企業や個人事業主が、少なからずあったはずです。

中国経済を見るとき、日本やアメリカのシステムを前提にすると、とてもおかしなことが起こっていると思えるケースがよくあります。しかし、基本的なシステムや慣行の違いを考えると、納得できることが少なくありません。中国のシャドーバンキングはその典型例でしょう。

どうしても不良資産をつくってしまう国

毛沢東時代の中国で、「鉄を大増産せよ」という号令がかかったとき、人びとが総出で山の木を切って燃料とし、鍋や釜を持ち寄って製鉄した結果、粗悪品ばかり積み上がって山は丸裸という大失敗に終わったことがあります。

1958〜60年の「大躍進政策」と呼ばれた政策で、経済は大混乱し、推計2000〜5000万人の餓死者が出たとされています。

インターネットで、中国で「鬼城」と呼ばれるゴーストタウンのグーグル衛星写真を見たことのある読者もいるでしょう。高層マンションが林立し道路も整備されているのに、実はほとんど誰も住んでおらず、商店も学校もないという不気味な街の写真です。

見るたびに私は、大躍進時代に農場の一角に林立する粗末な溶鉱炉の写真を思い出します。中国の歴史や制度を想起すれば、そんな不良資産をどうしてもつくってしまう理由も腑に落ちるわけです。

中国企業の多くは、民間といっても官の影響力を強く残す「半官半民」で、需要や消費動向などおかまいなしの企業が少なくありません。広大な国ですから、地方が独自に事業計画や目標を立て一生懸命に生産した結果、合計したらひどい過剰生産ということも珍しくありません。

高成長から安定成長に移行する中国は、こうした旧来の不合理なシステムや慣行をいかに改革していくかが問われています。

6~7%の安定成長が続くが、一時的な落ち込みはありうる

さて、高度成長期を終えた中国の成長率は、12年7・7%、13年7・7%、14年7・4%と〝順調〟に落ちてきました。先ほど申しあげたように、15年の目標は7%です。

7%台の成長が定着しはじめた2012年以降を中国の「安定成長期」と見てよいのでしょう。もちろん最初の数年~10年ほどは、「安定成長への移行期」と位置づけることもできます。

12年以降の中国経済は、「失速」「減速」「息切れ」「伸び悩み」といった言葉で語られる

ことが多かったと思います。この過程で、中国はバブル気味だった経済を大きく弾けさせないように調整し、ソフトランディングを目指しました。それが2015年、株式市場という部分的なバブル経済が弾けたわけです。

7％前後（6～7％程度）という中国の成長率はしばらく、おそらく数年～10年ほどは維持される、と私は見ています。何かのきっかけで、一時的に4～5％までガタッと落ち込む恐れはあります。しかし、ゼロ成長やマイナス成長になることはなく、2～3％という水準も当面は考えにくいと思います。

中国経済は中長期的にはしっかりしており、この先20年、30年と右肩上がりを続けることは間違いありません。そのなかで次第に成長率を落としていき、おそらくは30年先でもなお3～4％という水準にあるでしょう。このあたりの見通しは、第5章で人民元の将来と合わせて詳しく論じることにします。

中国経済が、世界大恐慌のような巨大クラッシュの引き金になることも、まず、ないでしょう。

心配があるとすれば、いまの中国が1920年代から30年代にかけてのアメリカの状況とよく似ていることです。当時のアメリカは、ヨーロッパ旧世界に対抗して急成長した新興市場です。第一次世界大戦でヨーロッパが疲弊したこともあって、1920年代にはバブルに突入し、これが弾けたのが１９２９年の世界大恐慌でした。

一方、現在の中国は、日米欧に対抗して急成長した新興市場です。このアナロジーからすれば、中国バブルが本格的に弾けると、恐慌に近いことが世界に波及する恐れがある、とはいえるのでしょう。

世界経済や生産の中心は、20世紀はじめにヨーロッパからアメリカに大きく動きました。それが21世紀はじめには、アメリカから中国やインドなどアジアに大きく動きつつあります。

歴史的な過渡期や大きな変革期には混乱がつきもので、アメリカ経済も大恐慌と第二次世界大戦をへて、ようやく安定したわけです。戦争はないとしても、経済面で同じような混乱の歴史が繰り返されないとは断言できないでしょう。この意味で中国の動向は非常に重要で、私たちはつねに〝実物大〟の中国像を視野に入れなければなりません。

中国の「国家資本主義」をどう見るか

最後に中国の国家資本主義についてお話しして、第2章を終わることにしましょう。

中国は、１９７８年に鄧小平が改革開放路線を打ち出して以来、市場経済への移行を進め、現在まで中国なりの国家資本主義（ステート・キャピタリズム）を続けてきました。

上海株式の暴落に対して中国当局が見せたテコ入れ策には、こんなものは資本主義国のやることではない、中国市場は国の管理するきわめて未成熟な前近代的市場だ、というような批判もありました。

しかし、中国の国家資本主義を、それほど否定的には、私は見ていません。

むしろ、2008年のリーマン・ショックによって、世界の市場原理主義、市場をベースにしたキャピタリズム（資本主義）は大きく崩れてしまいました。金融は自由放任のままでよいという考え方はもう通用せず、アメリカすらも規制が必要だと考え、実施しています。世界の資本主義国は、市場におけるステート（国）の役割をどうするか、どこまで認めればよいのか、という議論に直面したわけです。

アメリカは米ソ冷戦時代、社会主義ソ連の基本政策だった土地や工場など「生産手段の国有化」を忌み嫌い、社会主義（共産主義）を危険思想と見なして「赤狩り」までやっていました。ところが、リーマン・ショックの直後、アメリカ政府は世界最大の保険会社AIGの株式の79・9％を取得し、事実上これを国有化しました。

ロイター通信の報道によれば、アメリカが注入した公的資金は、08年10月17日までに2500億ドル（約25兆円）。たとえばシティグループとJPモルガン・チェース250億ドル、モルガン・スタンレー100億ドル、バンク・オブ・ニューヨーク・メロン30億ドルなどです。

11月25日にFRBが発表した追加金融対策では、最大8000億ドル（80兆円）を投入すると決めました。GM・フォード・クライスラーの自動車ビッグ3も政府支援を求めましたが、トップらが自家用ジェット機でワシントンに乗りつけたので非難囂々《ひなんごうごう》でした。

これらは、自由主義的な資本主義国では考えられない、国家によるマーケットへの介入です。アメリカがそれをやるのはよいが、中国がやるのはダメだとは、到底いえません。国家の影響力をかなり残す中国的なステート・キャピタリズムは、先進国が〝非常時〟に採用する施策と、そう大きな違いはないのです。

ただし、先進資本主義国では非常時を切り抜けると、融資した額を返却させるなどして介入を緩めますが、中国は平時と非常時のやり方があまり違わない、という話です。もちろんこれは、各国の企業や投資家が中国市場に参加しにくい理由の一つです。

逆にいえば、国の影響力がゼロという市場は、もはやどの国でもありえないのだから、中国市場は、その影響力が強く、何かと規制が多いこと以外は、ほかの資本主義国とあまり変わらない、ともいえるでしょう。

中国的な国家資本主義のやり方が、たとえばアメリカが各国に求める規制や保護のあり方と異なるために、中国とアメリカの摩擦や対立が今後大きくなることは、充分に考えられると思います。アメリカが推進するＴＰＰ（環太平洋戦略的経済連携協定）は、ある意味で、中国的な国家資本主義への対抗策ともいえるでしょう。

中国は当面、国家資本主義における国の力を、かなり強いままで維持したいと考えているはずです。それをいつごろ、どのくらい緩めるかは、まだ見通しにくい段階というべきでしょう。

第3章

中国、これが真実だ！

——中国を語るのに必要な「新常識」

共産党が一党支配でも、中国は「独裁国家」ではない

第1〜2章では、ＡＩＩＢと株式バブル崩壊を二本柱として、中国の経済を概観しました。第3章では、中国の政治を中心に、誤解されがちな中国の実像、等身大の姿についてお話ししたいと思います。

まず取り上げたいのは、中国共産党の一党支配を続ける中国が「独裁国家」だ、とされている問題です。

結論からいえば、中国を独裁国家と見るのは大きな間違いだ、と私は考えています。よく私は話すのですが、中国の政治は、巨大な官僚機構が決められたルールに基づいて進めています。もちろん民主政治とはいえませんが、少なくとも「独裁」とは似ても似つかぬ政治であることは疑いありません。

そもそも中国の憲法（１９８２年に制定された82年憲法。88・93・99・04年に改正）の第１条には、「中華人民共和国は労働者階級が領導し、労働者・農民の同盟を基礎とする人民民主独裁の社会主義国家である」と書いてあります。ただし、中国語では「人民民主専政的社会主義国家」となっていて、「専政」の日本語訳が「独裁」です。

日本語訳で中国の憲法を読む人が多い日本では、自分たちが「独裁」といっているのだから、中国は独裁国に違いなかろう、と思う人がいても無理もないのかもしれません。ネットで見かける議論では実際、多くの人が中国を独裁国家と見なし、それを前提として話をしています。

中国は「他の政党」の存在を認めず、中国共産党による独裁制を敷いている、とも一般には思われています。

細かい話になりますが、実は中国には、共産党以外にも複数の合法的な政党が、あることはあるのです。中国国民党革命委員会、中国民主同盟、中国民主建国会、中国民主促進会、中国農工民主党、中国致公党、九三学社、台湾民主自治同盟の8つがそうで、まとめて「民主党派」と呼ばれています。

中国共産党は、憲法では第1条以下の本文では触れられず、前文に出てくるだけです。

前文には「是中国共産党領導中国各族人民」や「中国各族人民将継続在中国共産党領導下」といった表現で、過去の革命の勝利と社会主義の成功も、今後の高度で民主的な社会主義国家の建設も、中国共産党の領導（上の者が教え導く）によるのだ、という意味が書いてあります。

この憲法前文が、中国共産党が中国で唯一の与党（執政党）であり、中国が共産党と民主党派以外の政党を一切認めないことの根拠とされています。

右に紹介した8政党は「野党」ではありません。中国共産党を補佐する政党、いわゆる衛星政党と位置づけられ、執政党に対して「参政党」と呼ばれます。いずれも結党は1949年10月1日の中華人民共和国の建国以前で、当時は共産党と統一戦線を組んでいました。中国国営新華社通信の報道によれば、中国共産党の党員数は14年末に8779万人でした。民主党派の党員は八つ合わせても数十万人規模と見られます。

ですから、正確にいえば、中国は「野党の存在」を認めず、中国共産党による独裁制を敷いていることになります。

しかし、「共産党独裁」や「共産党一党支配」といっても、いまの中国にヒトラー、スターリン、毛沢東《マオ・ツォートン》のような独裁者がいるわけではありません。最高指導者である中国国家主席が、さまざまな問題を自分の好き勝手に処理して独裁政治をおこなうことは、まったく許されていません。

「共産党独裁」と聞くと、ソルジェニーツィンが『収容所群島』で描いたような弾圧や粛清をやったスターリン独裁や、文化大革命で1000万人以上ともいわれる犠牲者を出した毛沢東時代の共産党独裁をイメージする人が、少なからずいるようですが、現在の中国の政治は、そんな恐怖政治とはまったく異なっているのです。

さらにいえば、中国の憲法のいう「人民民主独裁」は、カール・マルクスが資本主義社会から共産主義社会への過渡期に必要だと唱えた「プロレタリアート独裁」（労働者階級による権力掌握や政治支配）の一つです。

つまり、憲法でいわんとするのは、国を支配するのは人民（労働者と農民）であって、人民が、かつての支配者・敵だったブルジョワジー（資本家・地主など）に対して独裁をおこなうということです。独裁者や独裁政党が独裁政治をおこなうとは、最初から書いてありません。

中国は「ルールに従って動く国」である

中国は、唯一中国共産党の指導下に、事実上は資本主義（第２章末で触れた国家資本主義）を進めながらも、古い社会主義の看板を下ろしておらず、土地の国有など社会主義特有の政策も続けています。

そこで一見して独裁国家と誤解されることがあるわけですが、中国はふつうの意味の独裁国家、つまり独裁者が右といえば右に、左といえば左に動く国ではありません。

では、どんな国家かといえば、中国は最高権力者の恣意的な判断にはよらず、あらかじめ決められた一定の「ルールに従って動く国」だ、ということができるでしょう。

中国の国家主席は、国の元首で、各国の大統領にあたります。ただし、中国では、中国共産党の最高指導者（総書記）が国家主席と中央軍事委員会主席を兼ねていますから、国家主席一身に党・国・軍の権力が集中しています。

だから独裁者と思われがちですが、実際には、中国共産党中央政治局常務委員会という党の最高意思決定機関が合議制で物事を決めていくルールがあります。任期も5年で連続2期までと憲法で決まっているのです。

初代国家主席は毛沢東が9年半務めましたが、第二代の劉少奇が任期中（当時は毛が党と軍のトップで党内序列1位、劉は2位）に失脚すると、15年ほど空席が続く変則的な時代もありました。１９８３年からは李先念、楊尚昆が5年ずつ、93年からは江沢民、胡錦濤が10年ずつ務めています。13年3月に就任した習近平も10年で引退します。

「改革開放」を推進して現代中国の基礎を築き、「経済大国・中国」の父ともいうべき鄧小平だけは、共産党総書記にも国家主席にもなったことがありません。ただし、83〜90年まで初代国家中央軍事委員会主席と軍のトップは長く、人民解放軍の掌握こそが中国の政治権力を維持する鍵だと考えていたことがわかります。

鄧はかつて3度も失脚しながら、しぶとく生き残ってきた人物です。3度目に復活した

1977年から10年以上は間違いなく中国の最高指導者でしたが、あえて党内序列1位にはなりませんでした。89年の天安門事件で全役職から退きましたが、その後もカリスマ的な陰の実力者であり続け、92年に南巡講話を出しています。

つまり鄧小平までは人治主義が色濃く、中国のトップリーダーの権力は、役職ではなく「人物」そのものに基づいていたのです。鄧はこれをはっきり自覚していました。おそらくはそんなリーダーを自分で最後にするために、あえてトップにつかず、江沢民ら自分が後継者と目する人物をトップにすえて支え、体制の整備に尽力したのでしょう。

江沢民以後は、中国のトップリーダーの権力は、国家主席という「役職・制度」そのものに基づくようになった、と考えてよいでしょう。このルールは、建国から40年以上たってようやく定着したわけです。

首相・総理のコンビが10年で交代というルール

国家主席は、行政責任者である国務院総理（日本では内閣の首相にあたる）を任命します。総理の任期も5年と決まっており、主席と総理がコンビを組んで、就任するのも引退するのも同時という慣行が続いています。これまた暗黙のルールの一つです。

たいへんおもしろいことに、胡錦濤主席と温家宝首相が13年に引退したとき、2人とも42年生まれの70歳でした。このとき習近平は53年生まれの60歳です。李克強は55年生まれで2歳下ですが、まあ、だいたい60歳近くですね。

つまり中国では、最高権力者が60歳で就任し、70歳で引退することが、ルール化しています。70歳定年制という「潜規則」（明文化されていない隠れルール）が06年から適用されていると見られるのは、国家主席・副主席・総理・委員長・全国政治協商会議主席・中央軍事委員会主席・中央政治局常務委員や、以上に次ぐ中央政治局委員・候補委員・中央書記処書記・中央紀律検査委員会書記・副総理・国務委員・副委員長・政協副主席・最高人民法院院長・最高人民検察院検察長らの国家指導者です。

将来は国のリーダーになると期待される優秀な政治家が、地方と中央を行ったり来たりしながら権力の階段を上がっていくこともパターン化されており、ルールの一部になっています。

だから、形式だけに注目して中国を独裁国家と見なすのはまったく的外れだ、と私は思います。中国の政治は一定のルールに従って動いており、ルールを逸脱する独裁は許されていません。ヒトラーのような人物が力を得て独裁政治をおこなうことは、中国では金輪際ないでしょう。

中国の政治の仕組み、ルールはこうなっている

ここまでの話でおわかりのように、中国の政治の仕組みは、中国共産党、中国という国家組織、軍組織の三つが重なり合っています。複雑でわかりにくいでしょうから、以上の三つに統一戦線組織を加えた組織図を掲げ、重要なものを解説しておきます。

●中国共産党全国代表大会(党大会)……中国共産党の最高決定機関で、選挙で選ばれた代表2200人余りで構成される。5年に1回開催。党の中央委員会(約200人、ほかに候補委員約170人)を選出する。

●中国共産党中央委員会……中央政治局委員(現在25人)、中央政治局常務委員(現在7人)、中央委員会総書記(1人、中国共産党の最高指導者)を選出する。中央政治局常務委員会が、共産党の事実上の最高指導機関。習近平も李克強も常務委員。

●中国共産党中央軍事委員会……中国共産党の軍事組織であり、中国の国軍である中国人民解放軍を指導する。主席・副主席・委員は党中央委員会が選出する。メンバーは同じだが、中華人民共和国中央軍事委員会は全人代が選出するかたちをとる。

●全国人民代表大会(全人代)……中国の最高国家権力機関で一院制議会にあたる。国

家主席・副主席を選出し、主席の指名に基づき国務院総理を選出するほか、さまざまな議決をおこなう。毎年3月に北京の人民大会堂で開催。毎期最初の全人代会議で常務委員約200人を選出して常務委員会を構成し、これが全人代閉会中に全人代を代行する。

全人代を構成する人民代表(約3000人)は任期5年。省・自治区・直轄市・特別行政区の人民代表大会と人民解放軍から選出される。行政レベルごとに人民代表大会がおかれ、低いレベルの人民代表大会で一つ上のレベルの人民代表を選ぶ「多段階間接選挙制」が採用されているが、小さな市や郷・鎮では直接選挙がある。

なお、全人代(議会)の下に、国務院(行政)と人民法院(司法)がおかれ、全人代がそれらの長を選出するので、三権分立にはなっていない。

●国務院……内閣にあたる行政機関で、トップは国務院総理。国務院総理は副総理・国務委員(副首相級)・各部部長(大臣)・各委員会主任(大臣級)らを指名し、全人代がこれを選出する。

●中国人民政治協商会議……中国共産党、各民主党派、各団体、各界代表で構成される全国統一戦線組織(協調機関)。全国のほか地方の省・直轄市などにも設置。

組織図からはわかりませんが、中国の政治の仕組みでもっとも重要なポイントは、中国共産党があらゆるものを指導することになっている点です。

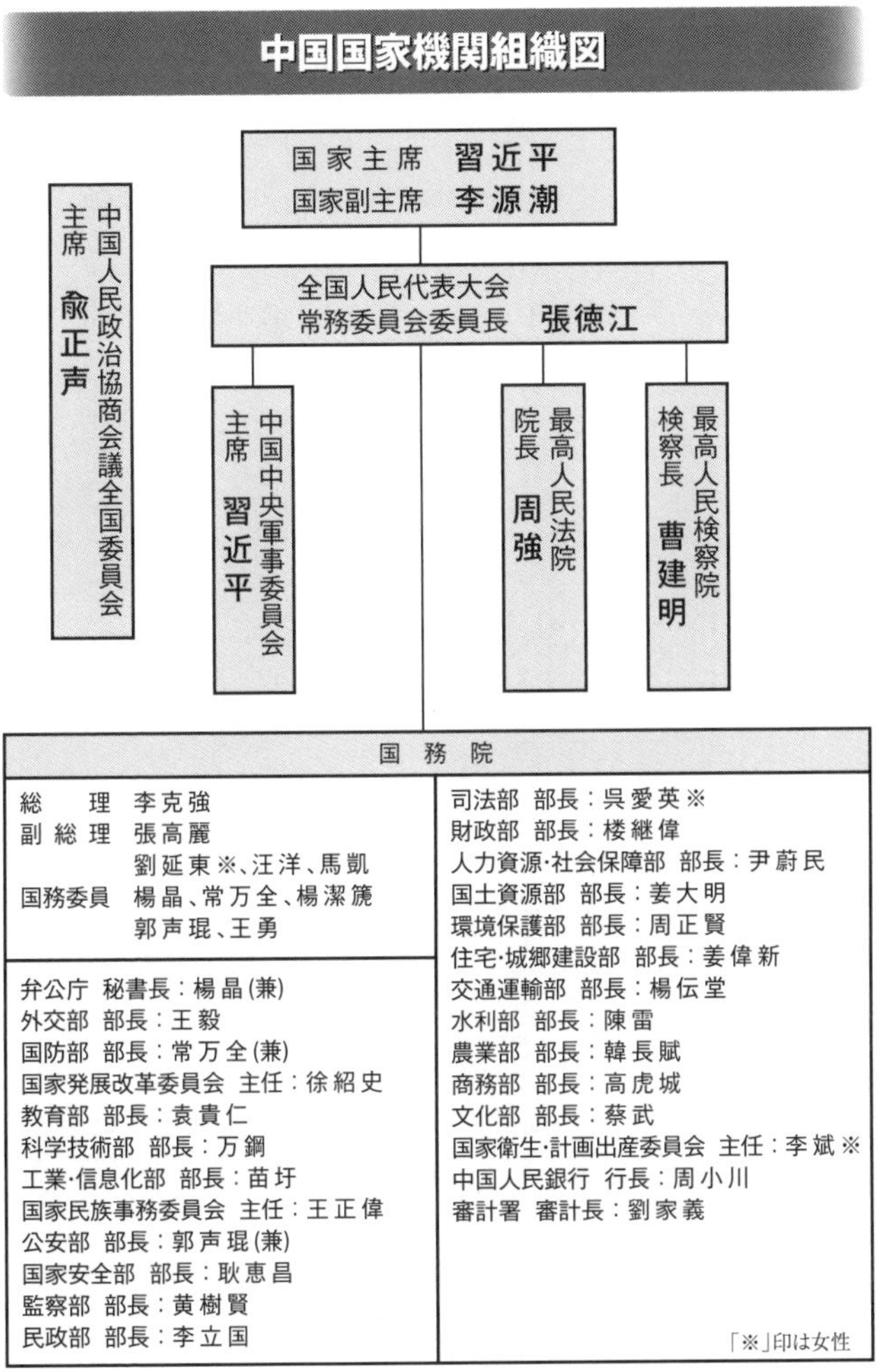

中国国家機関組織図
国家主席 習近平
国家副主席 李源潮
中国人民政治協商会議全国委員会
主席 兪正声
全国人民代表大会
常務委員会委員長 張徳江
中国中央軍事委員会
主席 習近平
最高人民法院
院長 周強
最高人民検察院
検察長 曹建明
国務院
総理 李克強
副総理 張高麗
劉延東※、汪洋、馬凱
国務委員 楊晶、常万全、楊潔篪
郭声琨、王勇
弁公庁 秘書長：楊晶(兼)
外交部 部長：王毅
国防部 部長：常万全(兼)
国家発展改革委員会 主任：徐紹史
教育部 部長：袁貴仁
科学技術部 部長：万鋼
工業・信息化部 部長：苗圩
国家民族事務委員会 主任：王正偉
公安部 部長：郭声琨(兼)
国家安全部 部長：耿恵昌
監察部 部長：黄樹賢
民政部 部長：李立国
司法部 部長：呉愛英※
財政部 部長：楼継偉
人力資源・社会保障部 部長：尹蔚民
国土資源部 部長：姜大明
環境保護部 部長：周正賢
住宅・城郷建設部 部長：姜偉新
交通運輸部 部長：楊伝堂
水利部 部長：陳雷
農業部 部長：韓長賦
商務部 部長：高虎城
文化部 部長：蔡武
国家衛生・計画出産委員会 主任：李斌※
中国人民銀行 行長：周小川
審計署 審計長：劉家義
「※」印は女性

出典：外務省ホームページ「中国国家機関組織図」

たとえば、国家機関の重要幹部の推薦や任命は、すべて中国共産党の集団討論によって決定されます。全人代常務委員、国務院部長、最高人民法院トップ、地方政府トップなども共産党が推薦します。中国には、こうした水面下のルールがありますから、注意が必要です。水面下のルールといっても恣意的なものではなく、党や国の正式な決定で文書も公表されていますが、まとまっていないのでわかりにくいのです。

中国では、役所、企業、労働組合、各種団体など、あらゆる組織に「党組」と呼ばれる共産党グループがおかれ、これが党の方針や政策を組織に伝え広めています。

中国は何事もルールに従って動くとお話ししましたが、政治日程もおおよそ決まっておりルールになっています。いちばん長い単位は「5年」です。国家主席、国務院総理、全人代（人民代表）の任期が5年ですし、大きな政策は5か年計画で動いていきます。

なにしろ直接選挙をやらないわけですから、非民主的といえばそのとおりですし、権力の座が5年10年と固定してしまう弊害もあるでしょう。

逆にいえば、どこかの国のように、ほとんど毎年のように総理大臣が交代する、あるいは大臣が3か月やそこらで交代するという弊害は回避できます。私は、国際会議で各国の出席者から「ところで、いまの財務大臣は誰だっけ？」と聞かれたことが、何度かあります。どちらのほうが国の運営が安定するか、一概にはいえないようです。

中国の主な政治日程

名　称	時期	決定内容
全国人民代表大会（全人代）	3月	予算、政策、目標などを最終決定。5年に1度、国家主席・副主席・国務院総理を選出。
共産党中央政治局会議	7月	年後半を視野に、重要課題を詰める。
北戴河会議	8月	最高幹部経験者との意見調整。
共産党大会（5年に1度）または共産党中央委員会全体会議（中全会）	10月〜11月	重要政策の大方針を示す。党大会は向こう5年間の最重要人事を決定。
国務院常務会議	不定期	経済対策などを発表。
共産党中央政治局会議	11月	翌年を視野に入れて重要議題を詰める。
中央経済工作会議	12月	当年を総括し翌年の重要方針を決定。

出典：中国政府発表などから編集部が作成

1年に限っても、図に示すように、重要な会議のスケジュールが決まっています。

年明けから3月の全国人民代表大会までは旧正月（春節）をはさんで全人代の準備に忙しく、重要な決定などは、あまりなされません。本格的な仕事が始まらない感じがあって春先あたりに、景気は大丈夫かと心配されたりします。その後、景気テコ入れ策などを打ち出し、夏から秋に成果が出てくることがしばしばあるようです。

北戴河は渤海湾に臨むビーチリゾートで、かつて共産党幹部専用の保養地として一般の立ち入りが制限され、避暑に行った指導者らが重要な問題を非公式に話し合いました。これが「北戴河会議」で、西側情報筋の関心の的でした。避暑地での秘密会議はイメージが悪いというので胡錦濤がいったん廃止しましたが、習近平が復活させています。

秋には、北戴河会議で根回しされた結果が正式に発表されることが多く、主要人事の発表も秋です。冬は日本と同じように翌年の方針が固まっていきます。中央経済工作会議は党と政府が翌年の経済政策を決める重要な会議で、習近平政権が「新常態」という認識を打ち出したことは、すでにお話ししました。成長目標や物価目標もここで決まり、翌年3月の全人代で発表されることになります。

いかがでしょう。万事決まっているのも悪くないような気がしませんか。あるいは、夏休み返上で国会を開いたりする日本とは、ずいぶん違うと驚かれたでしょうか。

中国は、日本とよく似た「官僚国家」である

実は中国という国は、ほかならぬ日本とよく似たところがたくさんある、と私は考えています。よく似たところの一つは、中国が「独裁国家」などではなく、巨大で優秀な「官僚国家」であることです。

似ているのも当然で、古代の日本は、政治・社会システムの多くを隋・唐・宋（当時の日本は飛鳥・奈良・平安時代）から学びました。

法律に基づく中央集権的な統治システムの「律令制度」、官僚に序列をつける「冠位十二階」、「戸籍を整備して耕地を人民に配分し納税させる「班田収授」などがそうです。これらの仕組みを動かしたのは官僚ですから、日本は官僚制度そのものを中国から取り入れたのだ、ともいえるでしょう。

律令制とは、読んで字のごとく、何事も法律に基づいてやっていこうという制度で、いわゆる「文書主義」が大きな特徴です。日本では、役所関係の文書に、必ず日付けを記入し、ハンコを押すことになっているでしょう。税務署に確定申告書を出すと、担当者が必ず日付けや印鑑をチェックし、不備があると「ハンコを押し直してください」といわれた

りしますね。銀行でも企業でも学校でも、やたらと印鑑が必要な国が日本です。

これは1300年前からの〝伝統〟です。701年制定の大宝律令で、役所の取り扱い文書には元号を使う、必ず印鑑を押す、定められた形式に従ってつくられた文書しか受理しないなどと決めたことを、いまだに続けているのです。

中国の隋の598年から清の末期1905年まで1300年も続いた「科挙」という官僚登用試験があります。これは賢帝として知られる隋の楊堅帝（文帝）が、高い家柄に生まれついた者たちだけが行政を司るのでなく、公平な試験を実施して才能ある人物を広く官吏に登用しようと導入したもので、世界でも画期的な制度でした。

宋（北宋）の時代には、科挙で選ばれた官僚たちが「士大夫」という新しい支配階級をつくって実権を握り、官僚制度の基本形が成立しました。

知識人で、しかも土地や財産を手にして大きな力を持った士大夫の気概を示す言葉として「先憂後楽」が知られています。意味は「天下の憂いに先立って憂い、天下の楽しみの後に楽しむ」で、世の中のことを誰よりも真剣に考え、自分を後回しにして行動し、天下国家を担うのは自分たちだ、というのです。余談ですが、岡山の後楽園も小石川の後楽園も、ということは後楽園ドームも、この言葉が名前のルーツなのです。

科挙もまた、日本が中国に学んだシステムの一つでした。律令時代の日本にあった官吏登用試験の秀才・明経・進士は、科挙六科（6科目）のうち三つの名前です。もっとも日本では試験制度は長続きせず、やがて世襲制にとって代わられてしまいましたが。

日本で科挙が〝復活〟したのは明治時代です。1894～1948年の高等文官試験や国家公務員採用総合職（かつての上級甲種、I種）試験は、科挙にたいへん似ています。

20代のうちに財務省キャリアを地方の税務署長に、警察庁キャリアを地方の警察署長に出して経験を積ませ、また中央に戻すというやり方も、もともと中国式です。

私は大蔵省出身で、給料は安いのに仕事がキツく、予算編成期など徹夜や泊まりの連続でしたが、私も同僚も若いときからみんな、天下国家を担うのは俺たちだ、と思っていました。もちろん家柄がどうとか家が金持ちか貧乏かなど一切問題にならず、二世三世が増えていく政治の世界をバカにしていたものです。

高度成長期の日本も中国も「中進国」だから官僚が強い

明治以降の日本の官僚制度が、「昔の」中国の官僚制度と似ているのはわかったが、なぜそれが「現在の」中国の官僚制度と似ているという話になるんだ、と疑問に思う読者もいるかもしれません。旧ソ連の指導下につくられた共産党や中国は、ソ連をモデルに政治や行政の組織をつくったはずで、似ているのはソ連の制度ではないのか、と。

たとえば中国には、98年まで5か年計画を策定する「国家計画委員会」という組織があり、国務院でもっとも重要な役所の一つとされ、エリート官僚が集まっていました。モデルとなったのは旧ソ連の国家計画委員会（ゴスプラン）です。

ところが、これを日本の通商産業省とよく似た官僚組織だった、という人があります。なぜ、似てくるかというと、ステージが「中進国」にあって高成長を続けている国は、どの国でも官僚が強いからです。

中進国は、「経済を成長させて国民を豊かにする」という目標が単純かつ明確です。その目的のために人・モノ・カネを集中させ、いわば軍隊のように統制された集団が一丸となって突き進めばいいわけです。その計画を立案し推進するのが官僚ですから、どの国でも官僚に優秀な人材を配置し、大きな権限を与えて民間を指導させます。

中進国の課題は、都市や交通インフラをどう整備していくか、エネルギー需要をどうまかなうか、住宅や教育政策はどうするかなど、共通する部分が多いに決まっています。高齢化対策など、まだ重視しなくてよい政策も共通しています。すると、どの国にも同じような成長計画を立てることになり、組織の局・部・課の名称まで似てくるわけです。

こうして中進国では官僚が強くなり、どの国も同じようなシステムになっていきます。

だから、官僚制度が似てくるのです。

官僚出身の私がいうのは妙かもしれませんが、官僚が強いことは、決して悪いことではありません。日本で官僚が強かった時代は、まさに中進国から先進国にステージ・アップする時代でした。ビジネスマンも官僚もウサギ小屋のような狭い家に住み、働き蜂のように働いたから、先進国の仲間入りができたわけです。

中国の官僚制度も同じです。日本の官僚制度に似ていることは、効率的で成功する可能性の大きい仕組みを取り入れている、と見るべきでしょう。

91年のバブル崩壊で、日本が安定成長からさらなる低成長に沈み込んだとき、官僚がうまく対応できなかったのは、モノがあふれ、ライフスタイルの多様化で豊かさの基準も人それぞれバラバラになり、国の目標がはっきりしなくなったからです。官僚というのは、大きな目標を見失うと弱くなります。その目標を立てることこそ政治家の役割でしょう。

野党を認め、自民党単独政権のようになっていく

中国は「独裁国家」ではなく、日本によく似た「官僚国家」で、ようするに普通の国とあまり変わりません。独裁という言葉を使うなら、中国共産党の続ける独裁は「自由民主

党の一党支配が38年間続いた」（55年体制）というのと、それほど違いません。しかし、中国では、政治的な自由や言論・表現の自由、あるいは人権に大きな制約があることは確かです。

同時にＩＴ化が進んで携帯やパソコンの普及が拡大し、中国版ツイッターの微博も大きな力を持ちはじめています。ツイッターの中身は9割方が共産党、中央政権、地方政府への批判でしょう。もっとも批判だけでは逮捕されず、デモを呼びかけると逮捕されるという暗黙のルールがあるようですが。

インターネットの普及が象徴する情報化が進み、世界中の人びとが瞬時に同じ情報に接する時代が始まっているなか、中国の自由や人権の制限は長続きするでしょうか。

中国は、巨大な官僚システムが安定していますから、中国のＧＤＰがやがてアメリカを抜いて世界最大の経済大国になっても、中国共産党を中心とする政治体制が大きく変わることはないだろう、と私は見ています。政治体制の大枠は、10年後も20年後も現在とあまり変わらないでしょう。

ただし、情報化や民主化の流れを止めることは不可能で、もはや共産党一党が指導する時代でないだろうと判断し、野党の存在を認める複数政党制に移行するときが、やがて必ずくるだろうと思います。

それでも、中国共産党の圧倒的な優位は変わらず、複数政党が半ば形式的なものになる可能性が大きいでしょう。

いまの中国では、中国共産党員であるかどうかが、政治や行政の世界はもちろんビジネスやアカデミズムの分野、つまり企業や大学でも大きくものをいいます。優秀な共産党員でなければ就任できないポストが厳然とあるのです。野党が認められるようになっても、共産党員を重用や優遇する仕組みや慣行は、なお続くでしょう。

中国の私の友人は「日本で戦後長く続いた自民党独裁のような体制が望ましい」という意見です。中国共産党が圧倒的に強く、国家主席も首相も共産党が出すことになるが、弱小野党の存在も認めればいい、というのです。そのときは結局、自民党単独政権が長く続いたころの日本とほとんど同じような政治システムになるのでしょう。

中国は「連邦国家」にはならない

国土の広い中国には、満州、新疆ウイグル、チベットをはじめ少数民族が少なからずいて、独自の社会・文化を持っている。だから中国は、各地の自治をもっと認め、アメリカのような連邦制度を採用して「連邦国家」になったほうがよい、という意見を聞くことがよくあります。

少数民族といっても、何十万人かが狭い地域に住んでいるのではなく、数百万人～１０００万人規模の人口が広大な地域に住んでいるのが中国です。省レベルの自治区には、内モンゴル自治区、広西チワン族自治区、チベット自治区、新疆ウイグル自治区、寧夏回族（ニンシヤホイ族）自治区の五つがあります。

現在でも各地に独立運動があり、イスラム教の影響が強い地域では、暴動事件や爆弾テロ事件なども頻繁に起こっています。

記憶に新しいところでは13年10月、北京の天安門広場にウイグル人の運転する車が突っ込んで炎上し、車内の家族と観光客の計５人が死亡、40人が負傷する事件がありました。翌月には山西省の共産党委員会庁舎付近で連続爆発事件があり９人が死傷しています。

天安門広場の事件は、政府の施策に恨みを抱いた家族が自暴自棄になって起こした事件という見方もありましたが、中国政府は新疆ウイグル自治区で暴力的な分離独立運動するテロ集団の仕業とし、テロリスト取り締まりを強化しました。

中国ではここ数年、自治区に限らず各地で、地方政府や警察などの腐敗や不手際を批判するデモや暴動が頻発しています。基本的には、急激な経済発展が招いた社会の不平等、格差の拡大に対して国民の不満がたまり、携帯やインターネットがそれを増幅させ、しば

中国の自治区と少数民族

中国政府は、漢族を除く55の「少数民族」を公認している。

もっとも多い「少数民族」は中国西南部のチョワン族で約1854万人。2位が東北部の満族（満州族）で1038万人。3位が中国中央北部でイスラム教を信じる回（ホイ）族で980万人。以下、ウイグル族、ミャオ族、イ族、モンゴル族、チベット族と続く（2010年の第6回全国人口調査統計）。

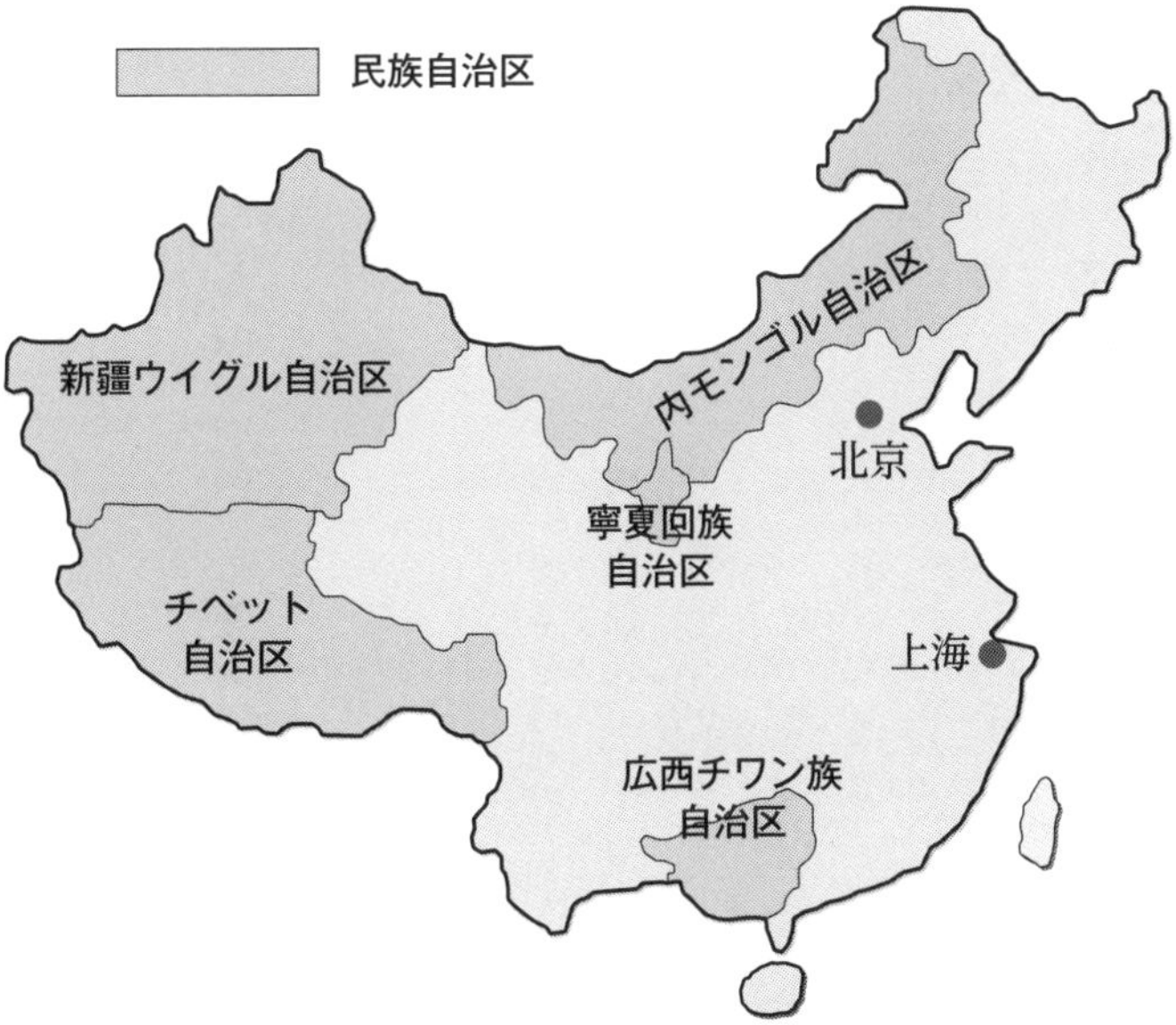

しば爆発するということなのでしょう。

都市と農村の問題、就職難、少数民族問題、劣悪な環境問題といった社会矛盾も背景にあって、もともと独自性が強く独立運動すらくすぶっている自治区では、とりわけ激しく矛盾が噴出するわけです。イスラム過激派が中国に目を向けていますから、将来はさらに深刻な問題が生じるかもしれません。

しかし、中国共産党は、自治区の独立はおろか、いま以上に自治を拡大することも、一切認めないだろうと思います。1か所でも認めれば、全土の辺境地域に拡大して収拾がつきません。その向こう側は、ソ連やインドなど領土紛争を繰り返してきた国です。

自治の問題は中国政府がしばしば口にする「核心的利益」、すなわち国の基本制度や安全、国家主権、領土保全、経済社会の安定的な発展に直結します。中国はここは譲らず、トラブルが生じても強権を発動して収めようとするでしょう。だから中国が連邦国家に移行することは、30年たっても50年たってもないだろう、というのが私の見方です。

中国の長い歴史は、中心部の漢民族と周辺の異民族が抗争や融合を繰り返してきました。遼・金・元・清は征服王朝で、漢民族は支配された側です。「天高く馬肥ゆる秋」は、もとは匈奴など北方騎馬民族が略奪しようと襲ってくる季節を恐怖し警戒する言葉で、「万里の長城」は馬を越えさせないための城壁です。そんな抗争と混乱の歴史を思えば、もうしばらく中国共産党のもとで中央集権体制が続いたほうが、共産党が弱体化して各地でナショナリズムが噴出するよりも望ましい、という考え方にも一理あります。

自由や人権の抑圧はけしからん、というのはそのとおりです。しかし、イラク・シリアなど中東、リビア・エジプトなど北アフリカ、ウクライナなどの現状を見れば、自由や人権を抑圧する政府が退場さえすれば、その国の問題が解決するわけではないことは、火を見るより明らかです。

中国では、ほかならぬ中国共産党の指導部が、自分たちの抑圧的な政策は望ましくないと思いながらも、これを続けたほうが中国のためにはよい、ほかに打つ手はない、と考えているだろうと思います。

中国共産党は、中国人にどう見えているか

中国共産党は、かつてアメリカが〝赤い悪魔〟のように見なし、その膨張政策によって周辺国がみんな赤化（共産化）してしまうと恐れた存在でした。朝鮮戦争で連合軍（朝鮮国連軍）を指揮したマッカーサーは「中国に原爆を落とせ」とまで口走りました。アメリカがベトナム戦争の泥沼にはまったのも、赤化のドミノ倒しを食い止めるという理由から

でした。日本でも、いまだに同じような考え方をする人がいるようです。

そこで、中国共産党についての私の見方をお話ししておきましょう。

第1に指摘すべきは、当たり前の話ですが、中国国内で、中国共産党は人民と敵対する存在などではなく、別に共産党自体が悪いものと思われているわけでもなんでもないことです。

もともとあった安定した国や社会で、一部の者たちが共産党という徒党を組んでのし上がり、ほかの人びとを弾圧して今日に至ったのではありません。

列強が中国（清）の分割をもくろむなか、清が倒れて中華民国が成立し、中国共産党も誕生し、両者は対立しつつも日中戦争や第二次世界大戦でともに戦いました。その間、共産党は農民を解放して力を得て、第二次大戦後に勃発した内戦に勝って蒋介石らの中華民国を台湾に追いやり、中華人民共和国をつくったのです。

中国共産党が人民を解放したのも、抗日戦を指導して勝ったのも歴史的な事実で、これを否定する人は中国にはいません。この歴史がよかったのか悪かったのかと中国の人びとに聞けば、みんなよかったと共産党を評価します。

中国が「チベットを侵略した」という言い方があります。中国がチベットを社会主義に組み入れ、古い伝統や文化を壊し、人びとを弾圧したことは確かです。しかし、中国がチベット人口の95％とされた農奴、つまり奴隷に近い農民を解放したのも事実なのです。

ダライ・ラマは宗教の最高指導者であると同時に王様でした。ダライ・ラマを追放した社会主義中国が許せないというなら、では王や王妃をギロチンにかけたフランス革命はどうなんだ、と問うべきです。残虐行為があろうと、フランス革命が世界の人権、自由、共和制議会、立憲主義などを大きく前進させたことは間違いありません。チベットで中国がそれに近いことをやったという側面は、間違いなくあるのです。

共産党は、大躍進政策や文化大革命に失敗し、粛清や追放といった恐怖政治をやりましたが、それらのマイナス点よりプラス点のほうが大きいわけです。だから中国では、大躍進や文化大革命に大失敗し、恐怖政治を招いた張本人である毛沢東の肖像を、依然として紙幣に刷り、天安門広場に掲げています。

つねに抗日戦勝利という〝原点〟に立ち戻る

第2に指摘すべきは、いま申しあげたことは中国共産党の〝原点〟であり、アイデンティティそのものであって、中国はつねに原点に立ち戻ろうとする、ということです。

ところで、人民解放と抗日戦勝利では、前者の「敵」がはっきりしないでしょう。かつての地主、富裕層、支配層は姿を消し、すでに人民の一部になっています。ところが、後者の敵は、いまは「かつての敵」ですが、日本という国として存在し続けています。

だからこそ中国共産党は、ことあるたびに、第二次大戦で抗日戦を指導して勝利を収めたのは自分たちだ、という原点に戻るのです。

これは、「敵」の存在を強調し、敵に対する「大成功」を前面に出すことで、過去の失敗や現在の矛盾などを、目立たない背景に後退させる必要があるからです。とりわけ2期10年務めた国家主席が交代した直後は権力基盤が必ずしも安定せず、新しい指導者が領土問題や歴史認識問題などで日本を強く批判することが、しばしばあります。

国内にも党内にもさまざまな問題や矛盾をかかえる中国共産党は、ことあるたび原点に立ち戻る必要があるという事情を理解すれば、中国の対日批判に対して、私たちがいちいち過剰に反応する必要などないことは明らかでしょう。

反日を装う中国の指導層が、実は本音では必ずしも反日ではない場合も、少なからずあると思います。ここまで何度か触れた鄧小平は「日本に見習わなくてはならない」「日中2000年の歴史に比べれば両国間の不幸な時期など瞬のひと瞬きにすぎない」といい、強い反日的な発言はしていません。

毛沢東のもとで長く国務院総理を務めた周恩来《ヂョウ・オンライ》も、日本への留学経験がある親日家で、

「日本はわが国を侵略し人民を傷つけ苦しめてきた。われわれにはその深い恨みがある。しかし、中国と日本には2000年にわたる友好の歴史があり、戦争による不幸な歴史はわずか数十年に過ぎない。われわれは恨みを忘れようと努力している」と、同じような言葉を残しています。

いま国務院総理の李克強も日本留学の経験があり、一時は岩手県の小沢一郎さんの家で書生としてホームステイをしていました。知日派もよいところで、公の席では口にしませんが日本語を話せますし、日本に人脈もあります。首相として彼が日本を批判することはあっても、本音はまた別のところにあるでしょう。

中国の現首相は、日本と中国は切っても切れない経済関係があり、尖閣問題や靖国問題ごときでそれを壊すわけにはいかない、と誰よりもよくわかっている一人のはずです。

なぜ民主党政権下で関係悪化、自公政権下で改善なのか

ここ数年の日中関係を振りかえると、もっとも緊張が高まったのは、2010年9月7日に尖閣諸島付近で起こった中国漁船衝突事件からです。

これは日本の領海を侵犯して操業中の中国漁船が、海上保安庁巡視船の停船勧告を無視

して逃走。その際、巡視船に衝突を繰り返し、船長が公務執行妨害で逮捕された事件でした。事件をきっかけに、漁業監視船、海上警察船、海洋調査船など中国公船の領海侵犯が極端に増え、尖閣諸島に接近する軍や海洋局の航空機も相次ぎました。

公船とは、国連海洋法条約にいう「国が所有または運航する船舶で政府の非商業的役務にのみ使用されるもの」で、慣習国際法上は軍艦に準じたあつかいを受けます。公船が領海内の無害通航に関する規則に違反しても、沿岸国は退去を要請し、損害があったときに賠償請求するくらいのことしかできません。

中国公船は、機銃の類いにシートをかけロープでぐるぐる巻きにして使う意図がないと見せつけていますから、威嚇射撃などの強硬策に出れば、全世界から非難されるのは日本側です。それをちゃんとわかったうえで、中国側は船を盛んに送りこんできました。

その後、12年8月15日の香港活動家尖閣諸島上陸事件（日本側は魚釣島に上陸した7名や船上の活動家を逮捕）、同年9月11日の日本政府による魚釣島・北小島・南小島の国有化（買い取り）で、日中関係は悪化のピークに至ってしまいました。

9月15日には北京の日本大使館に数千人のデモ隊が押しかけて投石したほか、上海や重慶はじめ各地で1972年の日中国交正常化後で最大規模の反日デモが発生。日系工場、スーパー、コンビニ、日本料理店などが襲撃され、日本人への暴行も起こっています。

ここまでは、日本が民主党政権だったときの話です。12年12月に安倍内閣が発足してからは、１年後に首相の靖国神社参拝が問題になったものの、14年11月のＡＰＥＣ（アジア太平洋経済協力会議）首脳会議で日中首脳会談が実現したことをきっかけに、日中関係は改善へと大きく方向転換しました。15年８月の終戦談話を見ても、中国の反応は韓国の批判姿勢と比べてきわめて抑制的でした。

政権を奪取した民主党の鳩山由紀夫首相は、日米同盟があるにもかかわらず、日米中の関係を正三角形にするといいました。自民党の安倍晋三首相は、靖国神社に参拝し、集団的自衛権の行使を容認して日米同盟を強化し、中国の脅威を盛んに口にしています。

にもかかわらず民主党政権下で日中関係が悪化し、自民党政権下で改善したのは、なぜでしょうか。このことの意味を、私たちはきちんと考えなければいけません。

中国のサインが読めない稚拙な日本外交

一つには、民主党の対中外交が稚拙すぎたことが大問題でした。最初のつまずきは漁船衝突事件で船長を無意味に勾留し、中国の面子を潰して怒らせたことです。船長は酔っ払っていたという話すらあるのです。こんなものは、さっさと「退去強制」（強制送還の正式な呼び方）処分にすれば、何の問題もありませんでした。

04年に中国活動家らが尖閣に不法上陸したとき、小泉政権は沖縄県警が現行犯逮捕した7人を2日後に出入国管理及び難民認定法（入管法）に定められた退去強制処分にした前例があります。外務官僚が、こんなやり方がありますと民主党の政治家に伝えたと思いますが、おそらくは聞く耳を持たないという感じだったのでしょう。

万一、「脱官僚」を掲げた民主党への嫌がらせから、外務官僚が正しい処分の仕方を進言しなかったのであれば、それで日本は大きく国益を損ねたのだから、官僚が背任行為をしたことになります。それを処分しない外務大臣はどうかしています。

実は中国は、9月7日に逮捕された船長を速やかに帰してほしい、このままでは国内の対日批判を押さえられなくなる、とサインを送ってきました。サインの一つは中国外務省の姜瑜《きょうゆ》・外務報道官のコメントで、毎日慎重に聞けば変化していることがわかります。

日本が動かないことに苛立った中国は、丹羽宇一郎・駐中国大使を繰り返し外交部（中国外務省）に呼び、9月12日には真夜中の午前0時（現地時間）に呼び出しました。これも、もう時間がないと日本を促すサインで、わざわざ真夜中に呼んだのです。

これを日本側は「無礼であり、遺憾だ」といい、「夕方だった当初の予定が、丹羽大使の都合で真夜中になった。ならば翌日でもよかったはずだ」という声もありましたが、これらは外交を知らない素人の言いぐさです。

真夜中に大使と会ったのは外交最高責任者の戴秉国《たいへいこく》・国務委員（外務大臣より格上の副首相級）でしたが、これもサインの一環です。中国は、日本に無礼をはたらくつもりなどない、ただ急いでいるのだ、と伝えようとしたのです。そうならそうと、はっきりいってくれ、と思うかもしれませんが、そこが中国ならではの難しいところです。

中国は面子を何より重視する。面子をつぶしてはいけない

中国人というのは、「面子《メンツ》」を非常に重んじます。「面」（子は名詞につく接尾辞）は、つまり外から見えている顔で、面子はそのまま日本語になっていますし、体面や面目もだいたい同じ意味です。一見すると、日本特有の言葉である体裁、世間体などとも近いようにも思えます。

ところが、中国人にとっての面子は、日本人にとっての面子や体裁、世間体とは、まったくといってよいほど意味が異なります。時と場合によっては、中国人の面子は、大げさにいえば命より大事なもの、あるいは法律や規則などより大切なものなのです。

中国では古くから、外から見える面（面子）がその人の価値を決定づける、価値に直結

する面子は大小を測ることのできる現実的で具体的なものである、という考え方が根強くあります。

日本でいう世間体は、外からどう見えるかという話ですね。「世間体が悪い」のは、世間からの見え方が格好悪い。「体よく断る」のは、外面を取り繕い差し障りのないかたちにして断る。どちらも問題は見え方で、その人の価値や能力とは関係ありません。

しかし、中国で「面子がつぶれる」のは、見てくれの問題ではなく、その人の価値そのものが否定されることなのです。だから、面子をつぶすことは、中国人にとって最大の侮辱、最大の無礼になってしまいます。

中国でビジネスをするとき、挨拶・握手・席次などは必ず序列の高い順にしなければいけない、宴会などで招くべき序列の高い人を招き忘れてはいけない、中国人の部下をほかの中国人たちがいる前で叱ってはいけない、ある土地に進出するときは地元実力者や地方政府要人などに必ず挨拶し彼らを立てなければいけない、などといわれるのは、いずれも中国人の面子をつぶしてはダメだ、という必須の注意点です。

中国人は自尊心が強い、自己中心的だ、自己主張が強い、自分を守る意識が強いなどといわれますが、いずれもあたっていて、中国人が重視する面子に深く関係しています。

外から見える面が自分の価値に直結するならば、黙っていてプラスマイナス・ゼロよりも、外に向けて何かものをいったほうがプラスになる余地が大きいはずです。だから強く自己主張するのです。逆にいえば、自尊心が強いから面子が重要になるのです。中国人の面子と自尊心は、実は同じカードの裏表といえるのでしょう。

同じことを二度までも。尖閣国有化の大失敗

対人関係で面子をきわめて重視する中国は、国と国との関係でも、面子をことのほか重視します。

１９９８年に小渕恵三首相と訪日した金大中・韓国大統領が「日韓共同宣言―21世紀に向けた新たな日韓パートナーシップ―」を出したあと、日本が中国に対しても同じことをやろうとしたら、当時の江沢民国家主席が「なぜ韓国の次なんだ」と激怒し、話が立ち消えになったことがあります。

最近の安倍政権の中国に対する動き方は、間違いなくこの経験に学んでいます。終戦談話を見ても、意識的に中国を韓国より優先させて、露骨なまでに中国の面子を立てていることがわかります。それを中国はよしとしました。中国はそういう国です。

日本の巡視船に衝突してきた中国漁船の船長を帰国させてほしくても、「悪かったが、

早く帰してくれ」とは、面子がつぶれるから断固としていいません。

ですから日本側は、中国人船長にも家族があるだろうから温情をもって帰国させる、と恩着せがましく、しかし迅速に処理して、中国の面子を保ってやるべきでした。

ところが、日本がサインを無視したうえに、10年9月19日に石垣簡易裁判所が10日間の勾留延長を認め那覇地検が取り調べを続けたことで、いよいよ面子をつぶされた中国は、対日レアアース輸出停止、現地法人の日本人逮捕などの強硬路線に転換。9月23日には国連総会で訪米した温家宝首相が「中国は屈服も妥協もしない」と演説しました。

もともと船長を裁判にかけて有罪にする覚悟などなく、そもそも何のために勾留を続けるかすらはっきりしなかった日本側は、翌24日「那覇地検の判断」によって船長を処分保留で釈放するという不様な決着に追い込まれました。ビジネスジェットで迎えにきた中国は、酔っ払い船長を「抗日英雄」に仕立て上げるしたたかさでした。

さらなる大問題は2年後です。懲りない日本は、まったく必要のない尖閣諸島を国有化して、再び中国の面子をつぶす大失敗をしでかしてしまいました。

尖閣諸島は日本が実効支配しており、「領土問題は存在しない」が日本の主張なのですから、ただ放っておけばよかったのです。それを「買うぞ、買うぞ」と騒ぎ立てながら国有化し中国を刺激しても、よいことなど一つもありません。

日本がアクションを起こせば、国内に問題を抱える中国は反応せざるをえず、必ず原点に戻ります。すると日中関係は悪化して、経済への打撃も大きくなります。そんなわかりきったことを、なぜやったのでしょうか。

しかもタイミングが最悪でした。12年9月9日のAPEC首脳会議で、野田佳彦首相と胡錦濤国家主席が立ち話をして胡錦濤が「断固反対だ」と直接伝えた翌日に閣議決定し、翌々日に国有化。これ以上に胡錦濤の面子をつぶすやり方は考えにくいほどです。

もちろん外務省は反対でしたし、日本の財界も中国進出企業も、素人政治家が何てことをしてくれたのか、と怒り心頭でした。

このとき国交正常化以来最悪の反日運動が中国全土で吹き荒れたのは、次の国家主席に内定していた習近平が煽ったからだ、という見方も根強くあります。国外に敵をつくれば国内は一つにまとまり、権力をより掌握しやすくなるわけです。

尖閣諸島は、むにゃむにゃいっていればよい

本題からそれますが、尖閣問題で日本の取るべき方針について触れておきます。

大前提となるのは、「尖閣は日米安保条約の範囲内」とアメリカが繰り返し表明するなか、

中国が大きく動くはずはない。といって中国は、日本に甘い姿勢を国内に見せるわけにいかず、日本に対するちょっかいは出し続けるだろう、ということです。

だから、いちいち目くじらを立てず、放置しておけばよいのです。日本にも国内事情があり、「尖閣問題を棚上げにする」とはいえないでしょうから、わかったようなわからないようなことをむにゃむにゃいい続ければよい。中国が「事実上の棚上げ」と受け取れないこともないような曖昧戦略を採用して、政治問題化を避ければよいのです。

最悪なのは、日本が中国の目にはっきりわかる動き、しかも中国が過去の歴史を持ち出しやすいような動きを見せること――たとえば、尖閣諸島に自衛隊を常駐させるようなアクションです。

日本がその動きを見せれば、中国共産党はこれ幸いとばかり、かつて日本軍と戦って勝利に導いた歴史を持ち出し、日本の軍国主義復活を批判し、同時に自らの存在意義を強調します。例によって原点に立ち戻るわけです。その口実を与えることは、得策ではありません。尖閣諸島で日の丸をちらつかせるのは、実は中国側の思う壺です。

中国は過酷な「競争社会」である

さきほど、尖閣問題で反日運動が吹き荒れた背後に、習近平の動きがあったという見方に触れました。習近平は、退任近い胡錦濤の足を引っ張ったわけです。

こうしたことは中国では珍しくなく、中国共産党の内部でも、国や地方の組織や企業でも繰り返されており、中国は激しい競争社会だ、ということができます。

中国は共産党一党支配だから競争がないのではありません。共産党と政治的に競争できる勢力が存在しないだけで、共産党内部に熾烈な権力闘争があるのです。国家主席が2期10年を務める間に、優秀な人物たちが次の10年を担うべく激しい競争を繰り返し、やがて20人、10人、数人、3人……と絞られていきます。

中国4000年(もっとも古い王朝の夏は紀元前2070年頃に成立。長く伝説上の存在とされてきたが、実在した可能性もある)の歴史を振り返っても、多くの国や民族が中原(黄河中下流域の平原で、中華文化の発祥地)を目指して攻め上って王朝の興隆と衰亡が繰り返され、権謀術数や陰謀策略が渦を巻いていました。中国の歴史はまさに競争の歴史ですから、社会が競争的であることは当然なのでしょう。

「少々の格差があっても、自由な市場における自由な競争が必要と思いますか？」と聞く国際的なアンケート調査があります。この質問に「はい」と答えた人の割合は日本が49％でアメリカがおよそ80％。ところが、中国で「はい」と答えた人が92％もいた、というデータがあります。ある意味で中国は、アメリカ以上の競争社会なのです。

中国人の国民性をつくっている面子、自尊心、自己主張なども、いずれも競争を強めるファクターでしょう。これらは、競争が嫌いな日本で重んじられる協調性、和の精神、以心伝心といったものの対極にあるようです。

NHKの『プロジェクトX』は、黒部ダム建設など不可能と思われていた大事業に果敢に挑戦した高度成長期の日本人を描いたドキュメンタリー番組で、中島みゆきさんの主題歌『地上の星』とともに、日本では大評判でした。ところが、これを中国に持っていったら全然受けなかった、という話を聞いたことがあります。

企業プロジェクトを成功させて役員や社長になった日本人を描いているが、全然つまらない、そんなサラリーマンの挑戦なんて夢も希望もない、中国で競争に勝ち抜きビジネスに成功した者は大金持ちになるものだというのが、中国人たちの感想だそうです。

中国は、もともと「資本主義的な国」である

確かにそうで、競争社会の中国は、社会主義を標榜しているものの、実は本質的にきわめてキャピタリスティック（資本主義的）な国だ、と私はとらえています。

毛沢東が採用した社会主義は、中華民国や日本を倒すためのいわば方便で、中国人の本質からは離れたやり方だろうと思います。

中国の春秋時代（前5世紀ころ）、越の国に范蠡《はんれい》という軍人・政治家がいました。越王勾践に仕えた名臣で、越をライバルの呉に勝利させた立役者です。彼は呉を破って有頂天になる勾践を見て越を離れ、斉の国で商売をして巨万の富を得ました。斉で宰相に迎えたいと誘われると全財産を人びとに分配して斉を去り、今度は定陶というところで陶朱公と名乗って商売。再び大成功して巨万の富を得たといいます。

これが「陶朱の富」という故事で、「陶朱公」は大商人の代名詞になっています。陶朱公は「理財致富十二則」という、いわば商売で成功する12か条を残しました。現在でもこれを店に掲げる中国商人が珍しくありません。

「世界三大商人」といえばユダヤ商人・中国商人・インド商人のことですし、中国商法は

「世界三大商法」の一つともされています。

つまり中国人は、昔から商人的な気質があって、商売の伝統を長く続けてきた、本質的に「商人」的な人びとなのです。華僑が世界に進出して大きな経済力を誇っていることもうなずけますし、中国で多くの個人が株式を買っていることも当たり前なのでしょう。中国が本質的に資本主義的な国で、マーケット・メカニズムが広く浸透していることは、中国経済を見ていくうえで忘れてならない重要なポイントだと思います。

私にいわせれば、NHK『プロジェクトX』が描いたのは、会社単位で一生懸命働かされてリターンは少なく、難工事で殉職者が出ても堪え忍ぶしかないという、実は社会主義的な現象ではないでしょうか。

一向に改革が進まない日本の農協、大学、病院などを見ていると、私は、ある意味で日本のほうが中国よりよほど社会主義的ではないか、と思わずにいられません。

留学経験のある「海亀派」が珍しくなくなった

私は、何人かの中国人の官僚と親しく付き合ったことがあります。

彼らは例外なく見事な英語を話し、議論や主張も立派なもので、まさに「ベスト・アンド・ブライテスト」（最良の、もっとも聡明な人びと）が官僚になっているという印象を強く受けました。

たとえば、２００３年から中国の中央銀行である中国人民銀行総裁で、現在も異例の３期目を務めている周小川。日本でいえば金融庁長官にあたる銀行業監督管理委員会主席を務めていた劉明康。09年に中国人民銀行副総裁になり、11年に国際通貨基金（ＩＭＦ）の副専務理事になった朱民、といった人びとです。

前述したＡＩＩＢの金立群もその一人です。中国有数の国際派でシェークスピアの専門家でもある英語の達人です。ＡＩＩＢ総裁としてまさに恰好の人物です。

彼らは、早い段階から海外留学をした数少ないエリートたちですが、最近の中国共産党幹部の子弟は、ほとんどみんなアメリカに留学した経験があり、アメリカや世界の事情をよく知っています。彼らが帰国して政府や企業の要職につきますから、中国の政治や行政は、必ずしも巨大なガラパゴスや巨大な蛸壺ではありません。

共産党の一党独裁は、世界の趨勢を知らない人びとがやっていることではなく、既得権益にしがみつく古い連中が続けたがっていることでもないのです。日本人よりはるかに英語がうまく、アメリカのやり方をよく知っている人びとが、問題があることは承知のうえで、このほうが都合がいいと考えて、続けているわけです。

中国に「海亀派」という言葉があります。留学からの海外帰国組のことで、もとの字は「海帰」ですが、発音が同じで、卵を産みに海から砂浜に帰ってくる連想からウミガメ派になりました。海亀派が誕生し、新しく登場したエリートとしてもてはやされたのは10年ほど前からで、当時、海外経験のない国内組は「土豆派」、つまり泥にまみれたジャガイモ派と呼ばれていました。

中国が高度成長を続け、所得水準がどんどん上がっていくと、富裕層や中産階級が膨張していきます。一人っ子政策で子どもの数が少なく、しかも競争社会の中国では、どの家庭でも子どもの教育に熱心で大きな資金を投じますから、海外留学組がどんどん増えていきます。

こうして、党・政府・企業の幹部や医者など特別な家庭の子弟に多かった海亀派が、ふつうの家庭にも広がった結果、最近は海亀派・土豆派とはあまりいわなくなりました。就職難で、せっかく留学経験があるのに生かせない例も少なからずあるようです。

いずれにせよ、わざわざ海亀派と呼ぶ必要もないほど留学が一般化し、党や国の中枢はもちろん大手国営企業、証券金融、ベンチャー企業、大学、シンクタンク、地方政府などに海外経験のある優秀な人材がどんどん入っています。

グローバルな視点を持つ彼らが、草の根とまではいえないとしても、至るところ多くの組織で責任者や幹部になっていくわけですから、中国は今後、間違いなくふつうの国に近づく方向に動くでしょう。

第７世代指導者はアメリカ留学組。中国は大きく変わるはずだ

国家主席が２期10年で交代するという話を思い出してほしいのですが、中国共産党の指導者は、「世代」で語られることがしばしばあります。順に紹介すると、次のようになっています。

●第１世代……１９４９～76年。毛沢東はじめ周恩来・劉少奇・朱徳・陳雲ら。
●第２世代……76～93年。鄧小平はじめ胡耀邦・葉剣英・趙紫陽ら。
●第３世代……93～２００３年。江沢民はじめ李鵬・朱鎔基ら。
●第４世代……03～13年。胡錦濤はじめ温家宝・呉邦国・賈慶林・李長春ら。
●第５世代……13～23年予定。習近平はじめ李克強ら。

70歳定年制などの隠れルールを考えれば、２０２３年に登場する第６世代は、１９６０年代の前半生まれが就任すると思われます。

現在の中国共産党中央政治局委員25人のなかで該当するのは孫政才と胡春華の２人だけ。

ということは、いまのところこの2人が第6世代指導者の最有力候補です。

孫政才は63年9月生まれの農業テクノクラート（技術官僚）で、吉林省や重慶市では党委書記を務めています。胡春華は63年4月生まれで胡錦濤の直系とされ、チベット自治区勤務が長いほか共青団中央書記処書記や広東省党委書記を務めています。

中央政治局委員の生まれ年は若いほうから63年生まれ2人、57年生まれ1人、55年生まれ3人（李克強含む）、54年生まれ1人、53年生まれ3人（習近平含む）で、残り全員が習近平より年上です。7人の常務委員でいちばん若いのが習近平と李克強なのです。

次の5年に1度、つまり2018年3月には、習近平より若い7人のうち5人、たぶん李克強と同世代以下の5人が常務委員に昇格するでしょう。同時に中央政治局委員の新旧交代がおこなわれ、おそらくは全員が習近平より年下になります。すると、〝目の上のたんこぶ〟的な人物がいなくなり、権力基盤がより強固になるというわけなのです。

その5年後に第6世代がスタートします。中国ではこうした人事を通じて漸進的な、しかし着実な変化が進むのだ、と知るべきです。

その次の2033年に登場する第7世代は、アメリカ留学組が務める可能性が非常に高い、と私は見ています。

国家主席と総理がアメリカの著名な大学出身で、もちろん英語はペラペラ、グローバルなものの見方や考え方を若いときから持っているという時代になれば、中国は現在とは大きく変わるでしょう。人権や自由、政党やメディアのあり方も、かなり違うはずです。

肝心なのは、そのとき中国は、世界最大のGDP大国として安定しているだろうということです。日本における中国の見方に欠けているのは、以上のような客観的事実に基づく冷静な〝大局観〟ではないでしょうか。

中国は水面下で、アメリカとつながっている

私は、中国は底流に非常にアメリカ的なものを持っている、中国は水面下でアメリカとつながっているといえるほどだ、と考えています。これは中国の大きな強みだ、ともとらえています。

ここまで見てきた広大な多民族国家、自己主張の強い国民性、商人の伝統を持つ資本主義的な側面、アメリカ文化を体現した海外留学組の増加などは、中国のアメリカ的な部分でもあるでしょう。それだけでなく、そもそも中国はアメリカのことが好きで、アメリカをリスペクトし、アメリカに学ぼうとしているという印象を強く受けます。

中国には日本のカタカナのような便利なものがありませんから、中国語でアメリカを指

すときは漢字を当てます。簡体字では「美国」、繁体字（正体字）では「美合衆國」「美利堅合衆國」がそうです。「美」（発音はメイで「米」と同じ）というよい意味の字を当てるのは、やっぱりアメリカが好きだからだ、という説があります。

第1章で見た中国版マーシャルプランをはじめ、戦略の立て方もアメリカを強く意識しています。中国は意外と柔軟にアメリカ的なものを取り入れており、たとえば中国の金融庁で劉明康が頼むアドバイザーは、アメリカのゴールドマン・サックスやＪＰモルガンなのです。

中国は、アメリカと事を構えてはいけないという意識も非常に強いと思います。アメリカが尖閣諸島は日米安保の適用範囲といい、沖縄はじめ日本列島を戦略的な軍事拠点としている東シナ海では、ちょっかいは出しても、本気でアメリカと衝突するつもりはありません。

アメリカの空白地域のように見えていた南シナ海では、東シナ海とは明らかに異なる動き方で、ベトナムやフィリピンと衝突したり、海上拠点を建設したりしてきました。最近のアメリカは、中東に力を注ぎすぎたと反省して、アジア太平洋地域の軍事的なバランスを建て直しつつあり、「海上拠点建設による現状変更は認められない」などと中国に文句をつけはじめています。今後は南シナ海の情勢も変わってくるのでしょう。

中国のアメリカに対するイメージには歴史的な背景も大きいと思います。アメリカは、第二次大戦後こそ朝鮮戦争やベトナム戦争で間接的に戦った中国の〝敵〟ですが、戦前は中華民国だった中国を助けました。それ以前も中国にあまり手を染めていません。

19世紀の末ころ、日本を含めた列強各国は中国（当時は清）の植民地分割に熱心で、イギリスが阿片戦争後に奪った香港島と九龍半島のさらに内陸（新界）を「租借」というかたちで取ったのもこのときです。しかし、スペインと戦争していたアメリカは、勝ってフィリピンとグアムを獲得したものの、中国では大きく出遅れました。

そうこうするうち第一次世界大戦が始まり、戦後の繁栄をへて世界大恐慌ですから、アメリカは中国にあまり手出しをしていないのです。

間隙を縫って中国大陸で勢力を拡大したのは日本で、日本とアメリカが衝突して太平洋戦争が始まりました。大戦中は蒋介石の妻・宋美齢（孫文の妻・宋慶齢の妹）がアメリカで中華民国への支援を訴え、アメリカ世論は一気に親中国に傾きました。彼女はクリスチャンで、彼女に影響された蒋もクリスチャンです。宋美齢の米議会演説は、いまだに米議会史上もっとも感銘を与えたものの一つとされています。

考えてみると、中国共産党の原点は抗日で、敵は日本。その日本の敵はアメリカ。すると、中国にとってアメリカは敵の敵ですから、つまり味方というわけです。これも中国がアメリカが好きでリスペクトしている理由の一つかもしれません。

中国が戦略的に進めるアメリカとの知的交流

中国でナンバーワンとされている大学は、北京にある清華大学です。

この大学は、1900年の義和団の乱（義和団事件）で列強が清に賠償金（総額4億5000万両、ちなみに日清戦争で1895年に日本が要求した賠償金は2億両）を要求したとき、アメリカのジョン・ヘイ国務長官の提言を入れてセオドア・ルーズベルト大統領が賠償金額を引き下げ、それで捻出した資金を使って1911年に設立された清華学堂を前身としています。

清華学堂は、もともとアメリカ留学予備校でしたし、清華大学は現在でも英語の授業が多いことで知られています。胡錦濤も習近平もここの卒業生です。米シンクタンクのブルッキングス研究所は清華大学に出先機関をつくっています。

「インテレクチュアル・エクスチェンジ」といいますが、こうした中国とアメリカの知的交流は水面下でかなり進んでおり、中国のアメリカ化という土壌をつくっています。こんな知的交流は、たとえばかつての米ソ冷戦時代、アメリカとソ連の間には一切ありませんでした。それを中国は意識的に、戦略的に進めているように見えます。

日本では長く続いた景気低迷や非正規社員の増大のせいもあって若者たちの内向き姿勢が強まり、ハーバード大学やアイビーリーグへの留学生が激減し、ほとんどいなくなってしまいました。中国の留学生が激増したのとは対照的です。日中間で知的交流を進めようという動きも、米中間に比べて大きく遅れています。

実は、アメリカが義和団事件の賠償金を引き下げて清華学堂設立に回した12年後の１９２３年、遅まきながら日本も、義和団事件の賠償金を基金として「東方文化事業」というものを始めたことがあります。カネは日本が出し外務省が管轄しますが、日本・中華民国の共同事業として上海に自然科学研究所、北京に人文科学研究所や図書館をつくったり、交換留学を増やしたりしようとしたのです。

ところが、日本側がなんにつけても日本主導にこだわるうちに日中関係が悪化して、中国側は手を引き、日本単独の事業になってしまいました。

日本はこうした歴史をもっと真剣に振り返る必要があるだろう、と私は考えているところです。

第4章

日本と中国で進む「経済統合」とは？

――東アジア経済統合は後戻りできない

東アジアで経済統合が進んでいる

この第4章では、中国の経済や政治に当ててきた視点を、日本と中国を含む東アジアに移し、東アジアで進んでいる「経済統合」の実像をとらえたいと思います。

メディア、とりわけテレビメディアは、日中関係といえば、尖閣諸島で中国漁船が領海侵犯し海上保安庁の巡視船が退去をさせた、中国で反日デモがあって日本大使館にペンキ入りペットボトルやレンガが投げられた、日中首脳会談が開かれ両首脳はこんな話をしたというように、絵になってわかりやすい〝事件〟ばかりを伝えがちです。

そんな目に見える事件や出来事の陰で、日本の企業が、ずっと以前から中国を巨大な市場と見て、輸出したり、現地に進出して工場を建てたりしてきたことは、いうまでもありません。

「中国でパンツを売れば、1人1枚買ったとしても何億枚か売れる」という言い方は、半世紀以上前の日本の高度成長期にもありました。「何億」の数は違うにせよ戦前も、明治時代にも同じことを考えた人がいたでしょう。まして日本経済が成熟化してモノが行きわたり国内で売れなくなれば、企業が中国の巨大マーケットに目を向けるのは必然です。円高の時代は、なおさらそうでした。

そんな日々の企業活動を、メディアはいちいちニュースには取り上げません。だから、日中関係はしょっちゅうゴタゴタしているように見え、中国脅威論ばかりが盛んに語られることになります。

ところが、実は水面下ではアジア、とくに東アジアの市場統合が進んでいます。極論すれば、東アジアでは事実上の経済統合が成立している、とすらいえるほどです。

経済統合と聞いて、多くの人が思い浮べるのは、28か国がＥＵ（欧州連合）に加盟し、うち19か国が共通通貨ユーロを使っているヨーロッパでしょう。

ヨーロッパでは、１８７０年の普仏戦争から第二次世界大戦まで70年以上も戦いを繰り返してきたドイツとフランスが、二度までも膨大な数の犠牲者を出し、著しく国土を荒廃させてしまった世界戦争を真剣に反省して、戦後に手を結びました。

戦争の主な原因は、つねに取りっこをしていた独仏国境付近（仏アルザス・ロレーヌ／独エルザス・ロートリンゲン、独ルール、独ザール地方など）の石炭と鉄鉱石ですから、１９５２年に共同管理する欧州石炭鉄鋼共同体をつくったのです。意を同じくするイタリアとベネルクス３国も参加し６か国でスタートしました。

これがヨーロッパ統合の中核となり、57年ＥＥＣ（欧州経済共同体）発足、93年ＥＵ誕生、99年共通通貨ユーロ誕生と歩みを進めてきました。

いまギリシャ問題でぎくしゃくしているEUやユーロですが、条約を結んでは制度を整えていき、時間をかけて加盟国を増やしてきた長い歴史があります。その原点には「二度と戦争を起こさない」という政治的な動機が強くあったのです。

ヨーロッパが、「政治」から出発して「経済」の統合を進めたことは、現在のEUやユーロ圏が単なる経済的な集合体ではないことを意味します。これはEUやユーロを考えるとき、忘れてはならない視点です。EUが、経済がひどいことを棚に上げて何かといちゃもんをつけてくるギリシャを、お荷物をかかえるのはもうごめんだと追い出さないのは、50年、100年かけても理想を貫こうという政治的な意思が強いからです。

イギリスを除けば地続きの大陸である、ギリシャ・ローマを発祥とする共通の文化を持つ、キリスト教という共通の宗教が普及しているといった大きな背景も、ヨーロッパの政治・経済統合を強固なものにしている理由です。

そんなヨーロッパと比べると、アジアでは、戦後に生まれた経済体制を異にする分断国家（中国と台湾、北朝鮮と韓国）が依然として対立しており、各地で紛争が絶えません。海を隔てた国が多く、互いの行き来も容易ではありません。宗教や文化も、仏教や漢字のようにルーツが同じものは共通する部分がありますが、やはり大きく違っています。

ですから、東アジアの経済統合が、ヨーロッパからかなり遅れて見えるのは当然です。実際、ヨーロッパと比べれば制度が未整備ですし、統合を求める政治的な意思も強いとはいえません。

しかし、実体経済面では統合がかなり進んでいます。東アジアの域内貿易比率（金額ベース。東アジアは、データの制約から日本・中国・香港・韓国・台湾・ミャンマーとラオスを除くＡＳＥＡＮ８か国）は、90年の43・1％が２０００年52・1％、12年49・4％とおよそ５割を維持しています。ＥＵの域内比率は12年に６割を割り込みましたから、東アジアはヨーロッパにかなり近い水準ともいえるのです。

東アジアの「製造ネットワーク」が経済統合のエンジン

アジアにおける経済統合を推進するエンジン、あるいは牽引する機関車の役割を果たしているのは、多国籍企業や各国企業によるアジアへの直接投資と、それによって成立した国境を越える「製造ネットワーク」（プロダクション・ネットワーク）です。

東アジアでは、機械を構成する諸部品（パーツ＆コンポーネンツ）の輸出・輸入と、それをアセンブルする（組み立てる）作業が合体するかたちで、域内の「分業」が進み、経済統合の土台になっています。

この域内分業システムを最初につくったのはアメリカの多国籍企業でした、急速に追撃したのが日本とヨーロッパのメーカーです。続いてシンガポール、韓国、香港、台湾などの企業も加わり、製造ネットワークが広がりました。２０００年代には、中国企業もネットワークのなかで重要な役割を果たすようになっていきます。

東アジア経済統合の基盤とも牽引役ともいうべき製造ネットワークは、欧米・日本・アジア各国が参加する、外に開かれたグローバルなものなのです。

この製造ネットワークの成立と密接に関係するのが、世界や東アジアにおける貿易と直接投資の構造変化です。１９８０年代から２０００年ころまでの20年間で、アジアの新興市場国の貿易と投資のパターンは大きく変っていきました。これを如実に示すのが、発展段階別・品目別に見る20年間の輸出伸び率です。

縦の列は、国を発展段階（所得）で途上国・中進国・先進国・世界全体に分け、途上国はさらに中国・インド以外、途上国全体、中国・インドの三つに分けてあります。横の行は、具体的な輸出品目によって分けてあります。それぞれの数字は、１９８１年から２００１年までに毎年平均何%ずつ増えたかという伸び率を示します。

まず、左から2番目の縦列――開発途上国全体の数字を上から下へと見てください。い

発展段階別・貿易品目別に見る 20年間の輸出伸び率

（1981～2001年、年率、%）

	途上国（中国、インドを除く）	途上国全体	中国・インド	中進国	先進国	全世界
一次産品	1	2	5	1	4	2
農水産業等						
農業	7	8	12	6	6	6
その他	4	7	10	5	5	5
ローテク産業						
繊維	14	15	15	7	5	8
その他	16	19	20	10	6	8
中程度のテクノロジー製品						
自動車部品	22	20	19	19	7	8
プロセス産業製品	14	13	12	11	6	7
エンジニアリング製品	21	23	24	12	7	8
ハイテク製品						
エレクトロニクス	21	26	36	17	10	13
その他	10	16	20	12	9	9
合計	13	15	17	10	6	7

途上国全体のエレクトロニクス輸入の平均伸び率は26%で、一次産品の2%、農産物の8%をはるかに上回っている。

エレクトロニクス製品の伸び率は、先進国の10%に対して、途上国が21%。これまでの常識と異なる、新しい傾向が出ている。

1981~2001年の世界各国の輸出伸び率を分野別に示した資料によれば、20年間に開発途上国全体でもっとも輸出が伸びたのはハイテク製品であり、とくにエレクトロニクス製品だった。

出典：Eisuke Sakakibara and Sharon Yamakawa. “Market-driven regional integration in East Asia” ,in Regional Economic Integration in a Global Framework.European Central Bank,2005. より編集部作成

ちばん上の2は、開発途上国で「一次産品」（農林水産業や鉱業による生産物のうち加工される前のもので、ふつうは石炭と石油を除く）輸出の伸びが年2％だったことを、次の8は農業輸出の伸びが年8％だったことを示します。

鉱産物の発見・開発や増産は、掘り出す設備一つ考えても、容易ではないことがわかるでしょう。しかし、未開の土地があって人がどんどん生まれている途上国では、耕地を広げて人手をかけ、肥料や品種に配慮すれば、農作物を増やすのは比較的容易です。どの国も人口が増えて食糧の需要が拡大していますから、途上国では一次産品輸出より農業輸出の伸びのほうが大きいわけです。

東アジアへの直接投資で、エレクトロニクス輸出が急拡大

さらに下に見ていくと、開発途上国でもっとも輸出が伸びたのはハイテク製品のうちのエレクトロニクスだったことがわかります。エレクトロニクス輸出の伸び率は26％で、農産物8％の3倍以上という拡大です。

この傾向は、巨大な新興市場国の中国・インドでもっとも著しく、エレクトロニクス輸出の伸び率は36％でした。平均すればどの年も前年より3分の1以上多かったという急激

な拡大です。中国・インドを除く途上国も伸び率は21％で、エレクトロニクス製品は自動車部品の22％とほとんど肩を並べる高成長分野だったのです。

ところで、途上国は耕地を広げ人手をかければ農作物が増えるといいましたが、エレクトロニクス製品では同じようにはいかず、途上国だけで増やすことはできません。では、誰が増やしたのかといえば、欧米や日本の企業です。

多国籍企業や欧米、日本などのメーカーが東アジアで直接投資をおこない、盛んに工場を建設し、現地の人を比較的安い賃金で雇って生産を拡大したから、中国やインドを含む途上国のエレクトロニクス輸出が急増したわけです。

次に、一次産品の行を左から横に見てください。途上国全体の伸び率2％に対して、先進国の伸び率が4％です。さらに、エレクトロニクスの行を見ると、途上国全体の26％に対して、先進国が10％です。

つまり、20世紀の最後の20年間では、農鉱業品輸出の伸びは、先進国のほうが途上国よりも2倍も大きかったのです。エレクトロニクス輸出の伸びは、逆に途上国のほうが先進国の2・5倍以上大きかったのです。

いかがでしょう。常識と思われていたことと、かなり違うのではありませんか。

先進国は、第一次（農林水産・鉱業）から、第二次（工業）、さらに第三次（サービス、情報）へとウェイトを移し産業構造を変化させてきた、と社会の教科書に書いてありますし、日本では農業や漁業の後継者がいないと大問題になっています。それなのに農鉱業品輸出の伸びは途上国より大きいのです。

また、ハイテク技術を持つ先進国はエレクトロニクス製品も強いはずですが、エレクトロニクス輸出の伸びは途上国より小さいのです。

途上国は農作物や鉱産物など一次産品の輸出国であって、工業製品については、衣料・日用品・家具といった軽工業品や、せいぜいローテク製品の輸出国にすぎない——こんな常識が通用しないほど、東アジアの経済構造は大きな変貌を遂げています。

アセンブルできる製品の登場で、分業が成り立った

東アジアで進む経済統合は、機械を構成する諸部品（パーツ&コンポーネンツ）の輸出入と、アセンブルする（組み立てる）作業が合体した「分業」になっています。実は、この域内分業そのものが、かつての世界に見られなかったことなのです。

貿易というのは大航海時代以来、穀物・香辛料・茶・綿や絹・鉄や石炭といった一次産品が中心でした。イギリスで１８００年をまたぐ数十年間に進んだ産業革命は、まずフラ

ンスやアメリカに、かなり遅れてドイツや日本にも波及し、これらの国が近代化に成功して「列強」と呼ばれる先進国になっていきます。この過程で、工業製品が貿易品目に加わり、しだいにウェイトを増していきました。

しかし、「パーツ＆コンポーネンツ貿易とアセンブル」といえる国際分業は長い間、ありませんでした。20世紀に入って大量生産が始まったフォードの自動車も、高度成長期以降に日本が世界をリードしたテレビやビデオも、１か所でつくった自動車や家電をそのまま輸出していたのであって、国を分けた分業などしていません。

トヨタ自動車がアメリカに輸出を始めたのは１９５７年で、80年代後半にはアメリカで現地生産を始めていますが、これも日本の車がアメリカで売れすぎて経済摩擦が大問題となり、自主規制まで強いられるようになって、工場を丸ごとアメリカに持っていったわけです。

そもそも分業など成り立たない工業製品もあります。たとえば、鉄を溶かして鋼板や棒鋼・形鋼・鋼管などをつくる鉄鋼業は、文字通り「鉄は熱いうちに打て」で、鉄鉱石や鉄くずを溶かすところから製品にするまで工程が一貫しています。製鉄所は鉄鉱石を船から降ろす海沿いに建設します。分業の余地などありません。

ですから、国際的な分業が始まったのは、分業に適した工業製品が登場してきた以後のことです。その典型がパソコンです。

パソコンのソフトウェア（ＯＳ）は米マイクロソフトか米アップル製ですが、本体を開けてハードウェアを見ると、頭脳部分のＣＰＵは米インテル製、主記憶装置のメモリは韓国か台湾製、外部記憶装置のハードディスクは米ウェスタンデジタル製、ＤＶＤドライブはソニー製というように、メーカーも国もバラバラな部品（デバイス）を寄せ集めて組み立ててあることがわかります。

どれも東京・秋葉原で売っていますから、ケース・電源・冷却ファン・コードなどと一緒に買いそろえれば、中高生でも「自作」することができるわけです。

パソコンに代表されるエレクトロニクス製品は、さまざまなパーツ＆コンポーネンツを各地で製造し、１か所に集めてアセンブルすることが容易で、国境を越えた製造ネットワークをつくりやすいという特徴があるのです。

米インテルの「モジュール化」戦略が台湾メーカーを育てた

アセンブルしやすいパソコンは、「モジュール化」された製品ともいえます。モジュールは、パコンとはめ込みさえすれば使える、機能ひとまとめにして規格を標準化した部品のことです。パソコンが典型で、メーカーは高性能で安いモジュールを世界中から探して組み立てます。規格をオープンにすれば、それに合わせてさまざまなモジュールをつくる人が世界中に現れて、裾野がどんどん広がっていきます。

このビジネスをもっとも戦略的に展開して大成功を収めたのが、パソコンのＣＰＵをつくるアメリカのインテルです。どのパソコンにも入っているＣＰＵ（中央処理装置）は、アメリカのインテル製かＡＭＤ製で、インテルのシェアは８割近いとされています。

インテルのＣＰＵは一種の〝ブラックボックス〟ですが、脳から神経が出て身体中に回っているように、ほかの部品とつながります。インテルは、その神経のつなぎ目部分の規格をすべてオープンにして、規格さえ合えばどこの誰がつくった部品でもつながるようにしたのです。とりわけ台湾メーカーを熱心に技術指導して、ＣＰＵを中心に部品を配置する電子回路基板（マザーボード）をつくらせました。

台湾のＡＳＵＳ、Ａｃｅｒ（子会社ＡＯｐｅｎ）、ＧＩＧＡＢＹＴＥなどがそうで、これらの会社は日本メーカーのパソコン基板もつくっていました。ところが、単なる部品納入メーカーかと思ったら大間違いです。いまやＡＳＵＳは世界第４位、Ａｃｅｒは第５位のパソコンメーカーに成長しています。

２０１５年第１四半期（１～３月）のパソコン世界出荷シェアは、１位が中国のレノボ

（シェア18・9％）、2位が米ヒューレット・パッカード（17・3％）、3位が米Ｄｅｌｌ（12・6％）、4位ＡＳＵＳ（7・4％）、5位Ａｃｅｒ（7・2％）。レノボはＩＢＭのパソコン部門を買った中国の会社です。

つまり、アメリカや日本、ヨーロッパの企業が道筋をつけた東アジアの「パーツ＆コンポーネンツ貿易とアセンブル」は、かつて世界の1位2位を争っていたアメリカの2社を中国企業がしのぎ、それに台湾企業が迫る状況に至っています。かつて米メーカーを追っていた日本メーカーは、完全に追い越されてしまいました。

そんな状況でも、自分たちだけは相変わらず儲けるというのが、アメリカのインテルが描いた戦略構想で、実際その通りになったわけです。

急膨張するアセンブラーとしての中国

２０００年前後に、日本は東アジア各国への部品輸出で圧倒的なシェアを握っていました。これは、日本を含む東アジア10か国の域内部品貿易シェア（２００1年）を見てください。事実上中国の一部と見なすことができる香港で、中国からの部品輸出が多いのは当然ですが、マレーシア以外の国はすべて、日本の部品輸出がいちばん多かったのです。

東アジア10か国の域内貿易シェア（2001年）

		輸出国									
		中国	香港	インドネシア	韓国	マレーシア	フィリピン	シンガポール	台湾	タイ	日本
輸入国	中国		8.0	1.6	12.7	6.6	1.8	4.0	17.1	5.0	43.2
	香港	45.5		0.3	6.8	6.9	1.7	6.6	9.8	1.7	20.5
	インドネシア	4.9	0.6		5.2	1.8	0.5	9.9	2.9	3.7	70.5
	韓国	21.1	2.9	0.8		4.1	2.3	3.6	9.4	2.0	53.8
	マレーシア	12.8	6.8	4.5	6.9		3.8	15.6	10.1	6.3	33.1
	フィリピン	2.4	7.2	0.4	11.2	3.7		11.5	7.5	3.7	52.5
	シンガポール	11.9	4.8	8.5	5.0	27.5	2.3		6.7	9.8	23.4
	台湾	18.9	3.4	0.6	10.4	4.4	2.9	7.6		1.4	50.5
	タイ	13.3	2.0	1.8	6.3	9.4	8.1	6.3	4.7		48.0
	日本	36.7	1.6	3.3	11.3	7.1	8.1	5.0	18.8	8.1	

日本は十数年前、東アジアすべての国への部品輸出で圧倒的なシェアを握っていた

注：2001年のデータ

出典：Ng,Francis and Alexander Yeats, "Major Trade Trends in East Asia: What are their Implications for Regional Cooperation and Growth", World Bank Policy Research paper 3084.Washington D.C.,World Bank,2003. より編集部作成

紹介した表はシェアだけを示し、金額は書いてありませんが、日本が東アジアに輸出する部品の最大の輸入国が中国・香港だったことも明らかです。

つまり、東アジア製造ネットワークは、日本が部品を提供し、中国がアセンブルするという基本的な構造を持っています。部品輸出が日本に次いで多いのは中国・香港で、日本向けと韓国向けが多いほか、台湾・マレーシア・シンガポールなど中国系ビジネスマンの多い国への部品輸出が大きくなっています。

ところが、その後の10〜十数年に、大きな変化が起こりました。これを示すのが1999年と2009年の「東アジア各国・地域の中間財・最終財貿易動向」です。

99年を見ると、日本が中国やASEAN（東南アジア諸国連合）に部品や加工品といった中間財を輸出し、中国・ASEANで組み立てて、アメリカやヨーロッパに最終財（製品）を輸出する構造が、はっきり見てとれます。これは、前ページのデータで見たのと同じことですね。

ところが、09年を見ると、日本の中国への中間財輸出（部品・加工品輸出）は相変わらずトップなのですが、韓国やASEANから中国への中間財輸出が大きく増えています。中国からASEANへの中間財輸出も増えています。もはや日本は、圧倒的なシェアを握る部品供給国とはいえなくなりつつあります。

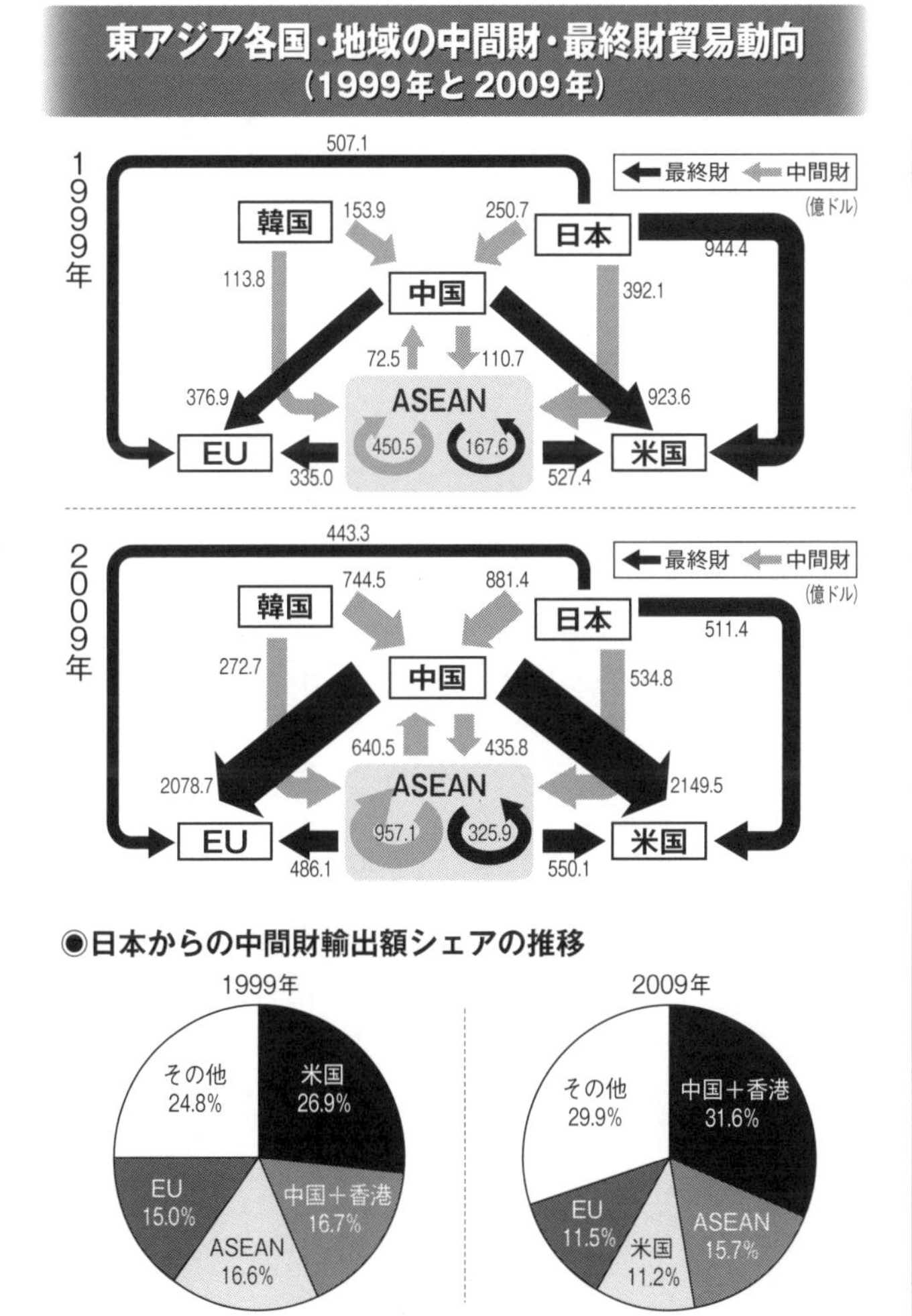
東アジア各国・地域の中間財・最終財貿易動向
（1999年と2009年）
1999年
最終財
中間財
（億ドル）
507.1
韓国
日本
中国
ASEAN
EU
米国
153.9
250.7
944.4
113.8
392.1
72.5
110.7
376.9
923.6
450.5
167.6
335.0
527.4
2009年
最終財
中間財
（億ドル）
443.3
744.5
881.4
511.4
272.7
534.8
640.5
435.8
2078.7
2149.5
957.1
325.9
486.1
550.1
◉日本からの中間財輸出額シェアの推移
1999年
米国 26.9%
中国＋香港 16.7%
ASEAN 16.6%
EU 15.0%
その他 24.8%
2009年
中国＋香港 31.6%
ASEAN 15.7%
米国 11.2%
EU 11.5%
その他 29.9%

出典：RIETI「RIETI-TID2010」

欧米への最終財輸出では、中国が10年前にトップだった日本をはるかに抜き去り、対米輸出で日本の4倍、対ヨーロッパ輸出で5倍の拡大です。つまりアセンブラー（組み立て担当）としての中国が圧倒的に大きくなって、全世界に製品を送り出しています。ASEANは組み立て工場というより、むしろ中国への部品供給工場の役割を担いはじめているともいえるでしょう。

アメリカのパソコンメーカーDellは、中間業者を介さず、在庫も持たず、注文生産（BTO＝Build to Order）をして直販するビジネスモデルで知られますが、かつては日本向け製品をマレーシアで生産していました。インターネットを通じて日本でカスタマイズ（自分好みの仕様変更）して注文すると、マレーシアで組み立て、飛行機で送ってくるのです。これを現在では中国福建省の厦門《アモイ》の工場でやっています。四川省成都にも欧米・中国西部向けの工場があります。

自前の工場を建てずに、中国に巨大工場を持つEMS（Electronics Manufacturing Service）企業に委託生産をさせるやり方もあります。その最大手は台湾の鴻海《ホンハイ》精密工業（Foxconn）で、グループ全体の売り上げは2012年に13兆円以上、従業員数はなんと90万人以上（うち数十万人が中国本土）とされています。

アメリカのアップル・HP・シスコシステムズ（パソコンをネットにつなぐルーターで

世界シェア6割）・モトローラ、韓国のサムスン、フィンランドのノキア（かつて世界トップだった携帯部門はマイクロソフト傘下に）、日本のソニー・任天堂はじめ多くの世界的なメーカーが、Ｆｏｘｃｏｎｎグループの工場で自社製品を製造しています。

こうした動きを見れば、中国の最終財輸出がものすごい伸びを示していることも納得できるでしょう。

日本の陰が薄くなる話ばかりのようですが、そうでもありません。モジュールをパコンとはめてネジ止めすればよい製品と違い、部品同士の相互依存性が強く、部品と部品の綿密なすり合わせが必要な製品は、モジュール化になじみません。部品数が2万点といわれる自動車がそうです。レンズ・シャッター・ＣＣＤ（撮像素子）・センサーなどの微妙なすり合わせが必要なデジカメも、その部分をブラックボックス化してあります。すると車やデジカメでは、日本企業の優位は揺るがない、ということになるわけです。

東アジア経済を大きく変えた中国の台頭

企業とマーケットが主導する東アジアの経済統合は、１９８０年代から90年代にかけて基本的な構造がつくられ、21世紀初めにほぼ完成しました。それは、ダイナミックで複雑な発展を遂げており、ここ10年間ほどは、とりわけ中国の台頭に代表される大きな変化が生じている、といえるのでしょう。東アジア経済統合の特色は、次にようにまとめることができるでしょう。

第1に、東アジアにおける企業と市場が主導する経済統合の進展は、貿易構造や直接投資から見る限りでは、ＥＵやＮＡＦＴＡ（北米自由貿易協定）によるアメリカ・カナダ・メキシコの経済圏と比べても、遜色がないものです。パソコン・スマートフォン・携帯の大半が東アジアから世界に送り出されている事実を見ても、経済統合によって東アジアは「世界の工場」の地位を確かなものにしています。

第2に、参加国を限定するＥＵやＮＡＦＴＡと比べると、東アジアの経済統合はより開かれたものになっており、アジア企業だけでなく欧米の多国籍企業も主要なプレーヤーの一員です。世界的な貿易ネットワークの中心に、開かれた東アジアが躍り出てきた、といえるでしょう。

第3に、東アジア経済統合は、アセンブラーとしての中国と部品供給国としての日本を中心に、韓国やＡＳＥＡＮを巻き込んで展開しています。近年は、中国の量的な拡大と韓国企業の躍進が目立っています。

第4に、日本企業は、東アジア経済統合で中心的な役割を果してきています。域内部品貿易に占めるシェアはかつてより低下し、最終財の対欧米輸出では中国が日本を抜き去ったものの、多くの日本メーカーが引き続き主要な役割を果たしています。

第5に、政治的なレベルや制度面の充実度から東アジア経済統合を見ると、ヨーロッパに比べて大きく遅れをとっています。各国の政治体制が大きく異なるので簡単ではありませんが、ASEANプラス3（ASEANと日中韓）の枠組みをさらに整備し、制度化を進めることができるでしょう。そのためには日本と中国が協調してイニシアチブをとることが重要です。

第6に、東アジアには、中国で悪化する環境問題、中国株式の暴落が示す経済的な不確実性、11年夏のタイ洪水や15年8月の中国爆発事故で露呈した社会の脆弱性などが、依然として残っています。こうした経済統合に影響する深刻な問題は、国境を越えて解決していく取り組みも必要でしょう。

東アジア経済統合で、日本の物価は下がっていく

第4章の終わりに、東アジア経済統合が私たちにもたらしている身近な問題に触れておきましょう。それは、日本の「デフレ」もしくは「物価下落」です。

日本のインフレ率（消費者物価指数の対前年増減率）は、バブル経済が崩壊した１９９１年の３％台をピークに、以来20年間ほとんどマイナスか０％台でした。バブルの余波が残っていた92～93年を除けば、１％台に乗ったのは97年と08年だけです。

「失われた20年」はデフレの20年だから「デフレからの脱却」が必要だ、と力説したのは安倍晋三首相です。安倍政権は年２％の物価目標というものを立てて、日銀とともに実現しようとしています。

ところが、問題はデフレの定義です。古典的なデフレーションの定義は「不況下で物価が下がること」です。物が売れないときは物が余って物価は下がり、同時に生産活動が低下して不況になります。失われた20年間の「不況」や「景気後退」の部分は、もちろん何とか改善しなければいけません。しかし「物価が下がること」そのものは、国を挙げて克服しなければならない課題であるとは、私は考えていません。

というのは、バブル崩壊以後の20年間には、小泉純一郎内閣の後半のように、企業業績が回復して好況に向かった時期もありました。物が売れれば物不足から物価が上がり、同時に生産活動が活発化するはずです。にもかかわらず、物価は目に見えては上がりませんでした。ですから、日本の物価下落には、不況や物余り以外の原因があるのです。これが日本と東アジアとの経済統合です。

大都市で中華料理店、大衆居酒屋、コンビニエンスストアなどに入ると、外国人の店員が大勢働いていますね。中国や韓国の出身者が多いと思いますが、彼らと同じ職場で同じ仕事をしている日本人の賃金は、どうしたって彼らと同じ水準まで下がります。

サービス業だけが、そうなのではありません。衣料品でも家具でもパソコンでも、中国や韓国で製造して日本に輸入するのと同じものを、日本国内で製造する日本人の賃金は、中国人や韓国人に近い水準まで下がって当然で、これは避けることができません。

百円均一ストアに並ぶ多くの商品は中国製や韓国製で、かつては安かろう悪かろうも目立ちましたが、いまでは「これが１００円？　日本ではとてもつくれない」と思える質のよいものが並んでいます。日本で製造して売ろうとすれば、賃金や利益を大幅に削るしかないでしょう。

グローバル化は避けられず、格差拡大も止められない

すでに見たように、パソコンやスマホなどの情報機器も、日本より賃金の安い中国で、それも従業員何万人というような大工場で効率的につくっていますから、値下がりするのは当たり前です。

デスクトップパソコンの価格は、10年ほど前にモニタを入れて十数万円したと思いますが、いまは数万円以下で手に入ります。しかも、性能は段違いによくなっています。

東アジア経済統合の話からちょっとそれますが、情報通信の世界ではＩＴ化の進展によってインターネットが爆発的に普及し、通信費が急激に安くなりました。ほんの２〜３分ほど話しただけで数千円、１万円とかかった国際電話は、いまは月額数千円といったインターネット接続料さえ払えばタダです。インターネットでメーカー直販が広がれば、営業コストや問屋・小売店の取り分が省かれ、製品の価格は下がります。

グローバル化やＩＴ化によって物価が下がることは、別に悪いことではなく当然のことで、解消する必要はありません。というより、解消したくても、できません。

私がよく話すのは、これから日本では「プロフェッショナルの時代」が本格化するということです。

余人をもって替えがたい技術を身につけたプロフェッショナル、専門家の賃金は必ず上がります。しかし、教えられ決められた仕事を一定の時間でこなすだけのサラリーマンは、辞めても代わりの人を雇えばいいわけですからプロとはいえず、その人の賃金はあまり上がりません。

換言すれば、同じ日本人の中でも、賃金格差は必ず広がっていくのです。これは望ましいとか望ましくないという問題ではなく、どの先進国でも格差は拡大していきます。かつていわれた「一億総中流」は、戦後の高度成長期から90年代はじめのバブル経済崩壊までの話で、それ以降は中間層がどんどん崩れています。中間層の真ん中や下のほうは中間層よりも「下層」に分類される時代になりかねません。

これはグローバリゼーションが進んでいるからで、東アジア経済統合もその動きの一つなのです。鎖国でもしてグローバリゼーションという大潮流を阻まない限り、ある程度の格差社会になることは止めることができないだろう、と私は考えています。

アメリカの対日ＴＰＰ要求は、四半世紀前の要求によく似ている

東アジア経済統合が日本も含めたかたちで進んでいる現実からして、私がおかしいと思うのは、ＴＰＰ（環太平洋戦略的経済連携協定）に対する財界や一部識者の考え方です。日本では、少なからぬ経営者が「ＴＰＰを受け入れれば貿易自由化、ＴＰＰを拒否すれば保護主義」というようにとらえていますが、これは間違いです。

というのは、私は大蔵省で日米交渉を担当したことがあり、四半世紀ほど前にアメリカが日本に対して要求していたことと、いまアメリカがＴＰＰで要求していることが、たい

へんよく似ているからです。

当時アメリカが日本に開けと要求したのは、保険、自動車のディーラーシップ、公共事業の3分野でした。私は保険の担当でしたが、郵便局の簡易保険は政府が事実上バックについて不公平だ、何とかしろと要求してきました。

自動車のディーラーシップでは、トヨタや日産だけのディーラーはおかしいからGMも入れろといい、公共事業では、地方の公共事業で地方の建設会社を優遇するのは不公平だからアメリカ企業にも参加させろ、というのです。

彼らは、貿易自由化の理想を貫くために要求したのではなく、背後にある業界の声を代弁して、日本で商売をさせろと要求してきたのです。

もちろんアメリカの要求にはそれなりの理屈がありますが、日本にも簡単には受け入れられない歴史的な経緯や特殊事情があります。今日でも簡単に受け入れられない分野があって、コメがそうです。

日本の関税は充分低く、さらなる引き下げに意味はない

こうした事情を顧みずに「TPPは日本が生命線とする貿易自由化の一環だから、必ず

推進しなければならない」とか「ＴＰＰに参加し、関税を引き下げ貿易自由化を徹底すれば、経済成長率が上がるはずだ」というのは、古すぎる発想だと思います。

そもそも貿易立国の日本は、もうすでに関税がかなり低いのです。ＪＥＴＲＯ（日本貿易振興機構）によれば日本の平均関税率は農産品と鉱工業品（非農産品）を合わせて５・３％。突出して高いわけではなく、ヨーロッパ各国と比較しても低い水準です。

しかも鉱工業品に限れば２・６％と、シンガポールを極端な例外として除けば、ＴＰＰ交渉参加国ではニュージーランドとカナダに次ぐ低さです。どちらも自動車もテレビも国内でつくっていませんから関税が何％でもかまわないわけで、つまり日本の工業品の関税は突出して低いのです。

農産品に限れば平均関税率は23・３％と高くなります。これはコメのように、どうしても関税を高く維持しておく必要のある特殊な農産物が含まれているからです。

したがって、ＴＰＰによる関税引き下げ交渉は、日本にとってほとんど意味がありません。「ＴＰＰを受け入れれば日本の成長率が上がる」という考え方に至っては、なぜそんな理屈になるのか、私にはまったく理解できません。

では、コメのような例外を除いて日本が貿易をかなり自由化しているのに、ＴＰＰは日本を入れて何がしたいのでしょうか。

ＴＰＰの本質を考えれば、日本が急ぐ必要はどこにもない

シンガポール、ブルネイ、チリ、ニュージーランドが06年に始めた環太平洋戦略的経済連携協定（ＴＰＰ＝Trans-Pacific Partnership）にアメリカが目をつけ、10年以降は自分が言い出したかのように推進しているのは、ＴＰＰを中国包囲戦略の一つと位置づけているからです。

ＴＰＰの本質は、第1に、アメリカやオーストラリアが高成長の見込まれる東アジア経済圏に入りたいというイニシアチブです。これから成長するのは人口40億人のアジアで、中国でありインドでありインドネシアだ。その成長に乗らなければならないから、アジアを含めた環太平洋で貿易自由化を進めていこう、というのです。

第2に、東アジア経済圏で影響力を強める中国に対する牽制でしょう。これはすでにお話しした中国的な国家資本主義への対応という側面です。

ところで、第1の点で日本は、すでに東アジア経済統合の一員であり、東アジアや東南アジアとつくる経済共同体のメイン・プレーヤーです。つまり、日本はすでにバスに乗り、運転しているのです。

だったら「バスに乗り遅れてしまう」と焦るアメリカが主導するＴＰＰに、飛び乗る必要はないでしょう。東アジアに出たいというアメリカやオーストラリアに強いて反対する必要はありませんが、慌てて参加する必要もないのです。ＴＰＰについては冷静に見ていくのがいちばんの得策だ、と私は考えています。

ところが、財界も一部のエコノミストも、以上のような認識がないらしいのです。財界のお年寄りたちは、貿易は自由化か保護主義か二つに一つしかなく、アメリカと組むことはつねに自由化を意味する、と信じ込んでいるようです。

当初ＴＰＰに慎重だった安倍政権も、最近はＴＰＰ交渉を急いでいる様子です。アメリカにもニュージーランドにも農業や酪農など保護したい分野があり、それで交渉がまとまらないことにイラ立っているように見えますが、交渉が長引くとなぜ困るのでしょう。コメなど日本にも保護したい分野があるのだからお互いさまで、だらだら交渉していればよいと思うのですが。

いずれにせよ私たちは、東アジアの実体経済にもっと目を向け、その将来像を的確につかんだうえで、現実的で戦略的な対応を進めていかなければなりません。ＴＰＰには中国と韓国どちらも参加していませんから、日本も慌てて参加することはないのです。各国と個別にＦＴＡ（自由貿易協定）を結ぶ方法だってあるからです。

第5章

中国経済と人民元は、こうなる！
——13年後、アメリカを抜き去る日がやってくる

購買力平価で見れば、中国のGDPはすでに世界1

第5章では、第2章で中国は安定成長期に入った、6〜7%成長が数年は続くだろうと申しあげた続きを、お話ししたいと思います。そのあとで中国の通貨「人民元」の現在と将来を展望していきましょう。

『2050年の世界』というたいへん興味深い調査レポートがあります。コンサルティング大手のプライスウォーターハウスクーパース社（PwC）が出しているもので、最新版の発表は2015年2月です。このレポートによれば、どのような経済指標・予測法に基づいても、2030年までに中国が世界最大の経済大国になることが確実な状況です。

PwCによる上位32か国のGDPの実績と予測を見てください。実は、GDP（国内総生産）を「購買力平価」（PPP）ベースで見れば、中国はすでにアメリカを抜いて世界トップの経済大国になっています。

購買力平価とは、かみくだいていえば、同じハンバーガーが日本で1個100円、アメリカで1ドルのとき1ドル＝100円と決める（決まる）、という考え方です。これに基づいて日米のGDPを比較し、たとえばアメリカが日本の3・6倍だったとすれば、同じ

予測GDPの世界順位
（購買力平価〈PPP〉ベース、2014年基準の恒常米ドルベース）

	2014		2030		2050	
PPPベースの順位	国名	PPPベースのGDP（2014年基準10億米ドル）	国名	PPPベースのGDP予測（2014年基準10億米ドル）	国名	PPPベースのGDP予測（2014年基準10億米ドル）
1	中国	17,632	中国	36,112	中国	61,079
2	アメリカ	17,416	アメリカ	25,451	インド	42,205
3	インド	7,277	インド	17,138	アメリカ	41,384
4	日本	4,788	日本	6,006	インドネシア	12,210
5	ドイツ	3,621	インドネシア	5,486	ブラジル	9,164
6	ロシア	3,559	ブラジル	4,996	メキシコ	8,014
7	ブラジル	3,073	ロシア	4,854	日本	7,914
8	フランス	2,587	ドイツ	4,590	ロシア	7,575
9	インドネシア	2,554	メキシコ	3,985	ナイジェリア	7,345
10	イギリス	2,435	イギリス	3,586	ドイツ	6,338
11	メキシコ	2,143	フランス	3,418	イギリス	5,744
12	イタリア	2,066	サウジアラビア	3,212	サウジアラビア	5,488
13	韓国	1,790	韓国	2,818	フランス	5,207
14	サウジアラビア	1,652	トルコ	2,714	トルコ	5,102
15	カナダ	1,579	イタリア	2,591	パキスタン	4,253
16	スペイン	1,534	ナイジェリア	2,566	エジプト	4,239
17	トルコ	1,512	カナダ	2,219	韓国	4,142
18	イラン	1,284	スペイン	2,175	イタリア	3,617
19	オーストラリア	1,100	イラン	1,914	カナダ	3,583
20	ナイジェリア	1,058	エジプト	1,854	フィリピン	3,516
21	タイ	990	タイ	1,847	タイ	3,510
22	エジプト	945	パキスタン	1,832	ベトナム	3,430
23	ポーランド	941	オーストラリア	1,707	バングラデシュ	3,367
24	アルゼンチン	927	マレーシア	1,554	マレーシア	3,327
25	パキスタン	884	ポーランド	1,515	イラン	3,224
26	オランダ	798	フィリピン	1,508	スペイン	3,099
27	マレーシア	747	アルゼンチン	1,362	南アフリカ	3,026
28	フィリピン	695	ベトナム	1,313	オーストラリア	2,903
29	南アフリカ	683	バングラデシュ	1,291	コロンビア	2,785
30	コロンビア	642	コロンビア	1,255	アルゼンチン	2,455
31	バングラデシュ	536	南アフリカ	1,249	ポーランド	2,422
32	ベトナム	509	オランダ	1,066	オランダ	1,581

上記32か国で世界経済のおよそ85％を占めるとされている

出典：2014年についてはIMF「World Economic Outlook」データベース（2014年10月）、2030年と2050年はPwCの予測

ハンバーガー個数に換算して3・6倍ですから、現実的な生活水準やモノの出入りをとらえやすいとされています。

一方、「市場為替レート」（MER）では、円高ドル安だった12年9月の1ドル＝80円が、円安ドル高が進んだ15年9月に1ドル＝120円です。3年前ハワイにいったときは100円で1個1ドルのハンバーガーが12個買えたのに、いまは8個しか買えません。しかし、日本人は3年前の3分の2の水準まで貧乏になったわけではないでしょう。為替レートは生活水準を必ずしも適切に反映しないのです。

もちろん企業が市場を見るときは、どこから仕入れれば安く、どこに売れば儲かるかを示す市場為替レートベースの判断が、きわめて重要になってきます。

ようするにGDPのデータは、購買力平価による調整を加味する場合と、市場為替レートの数字をそのまま見る場合（ふつう私たちが見ているのはこちら）の二つがあり、前者に基づけば、中国のGDPはすでに世界最大規模といえるわけです。

市場為替レートで見れば、2028年までにアメリカを抜く

中国が購買力平価（PPP）見たGDPで世界トップといっても、最近ようやく追い抜

いたばかりの段階です。しかも中国の人口は約13億6700万人、アメリカは約3億1900万人（いずれも14年）ですから、アメリカの1人あたりのGDPは中国の4倍で、依然として大きな差があります。

市場為替レート（MER）で見た中国のGDPが、2010年に5・88兆ドルと、5・46兆ドルの日本を抜いて世界第2位に躍り出たとき、日本ではみんな、とうとう第2位の座から転落してしまったかとためいきをつきました。ところが、中国の人口は日本のざっと10倍ですから、中国人が日本人より豊かになったわけでも何でもありません。1人あたりの生産高がようやく日本人の10分の1になった、という話でした。

日本のGDPが西ドイツを抜いて世界第2位になったのは47年前の1968年ですが、このとき日本人の平均的な暮らしがアメリカや西欧よりよくなったと思った人は皆無でしょう。中国も同じことなのです。

IMFの推計では、2015年のGDPは中国11・2兆ドル、日本4・2兆ドルですから、5年間で中国はGDPを倍近く増やし、日本はやや縮小しました。では、中国は5年間に日本の倍以上豊かになったのかといえば、これも違います。いま説明した市場為替レートで見ていますから、中国のGDPは円安でかなり底上げされているのです。

もっとも逆にいえば、中国は依然として、さらなる巨大な成長のポテンシャルを持っているわけです。だから中国は安定成長を続けて、ＰＰＰベースのＧＤＰが２０３０年にアメリカの１・41倍、50年に１・47倍となる、というのがＰｗＣの最新予測です。このときはインドもアメリカを抜き、世界第２位の経済大国になる見通しです。

ＭＥＲベースでは、中国のＧＤＰは２０２８年ころまでアメリカを抜き、名実ともに世界１の座につくものと思われます。

ＰｗＣの予測には、ほかにも注目すべき点がいくつかあります。まず、インドネシアの成長がものすごく、50年には、なんと世界第４位の経済大国になっています。メキシコ、ナイジェリアも10位以内に食い込んで、英仏をトップ10から追い出すというのです。日本は７位と健闘し、ドイツはかろうじて10位にとどまります。パキスタン、フィリピン、ベトナムなどのアジア勢が着実に順位を上げてくることも見逃せません。

人口頭打ちで、中国の成長率はだんだん下がっていく

ところで、中国が２０３０年までに世界最大の経済大国になることは確実ですが、それまでに成長率を少しずつ落としていき、世界平均並みに落ち着くと見られています。表に示したのは、ＰｗＣによる２０５０年までの平均実質ＧＤＰ成長率予測で、中国は３・４

平均実質GDP成長率予測
(年率、2015～2050年)

単位％

国名	人口増加率平均	1人当たり実質GDP平均成長率	実質GDP平均成長率
ナイジェリア	2.5	2.9	5.4
ベトナム	0.3	5.0	5.3
バングラデシュ	0.7	4.4	5.1
インド	0.7	4.2	4.9
フィリピン	1.3	3.2	4.5
インドネシア	0.7	3.7	4.3
パキスタン	1.1	3.3	4.3
南アフリカ	0.5	3.7	4.2
エジプト	1.1	3.1	4.1
マレーシア	0.9	3.2	4.1
コロンビア	0.7	3.4	4.1
メキシコ	0.6	3.0	3.6
タイ	-0.2	3.7	3.5
中国	0.0	3.4	3.4
トルコ	0.6	2.7	3.3
サウジアラビア	0.9	2.4	3.2
ブラジル	0.4	2.6	3.0
アルゼンチン	0.6	2.1	2.7
オーストラリア	1.0	1.7	2.7
ポーランド	-0.3	2.9	2.6
イラン	0.7	1.8	2.5
アメリカ	0.6	1.8	2.4
イギリス	0.4	2.0	2.4
韓国	0.1	2.2	2.3
カナダ	0.7	1.6	2.2
ロシア	-0.5	2.6	2.1
フランス	0.3	1.6	1.9
スペイン	0.1	1.9	1.9
オランダ	0.0	1.9	1.9
イタリア	-0.1	1.6	1.5
ドイツ	-0.4	1.9	1.5
日本	-0.5	1.8	1.4

出典：国際連合の人口予測に基づきPwCが分析

%となっています。

中国の成長率には、幅のある予測がいくつかあります。たとえばＩＭＦは、20年まで６％台で推移するとしています。日本経済研究センターが15年６月に出した「アジア経済中期予測」は、７％台は16年まで。17年から成長にブレーキがかかって、20年５・２％、25年４・１％と鈍化していくと見ています。後者は中国が「中進国のわな」に陥ってしまうという見方ですが、これについてはあとで改めて考えます。

いずれにせよ、安定成長期入りした中国の成長率が、６～７％から、やがて４～５％、３％台と下がっていくことは、間違いありません。

成長率が下がっていく最大の原因は、人口の減少です。14年に13億６７００万人の人口は、あと５０００万人ほど増えた14億２０００万人程度で頭打ちとなり、減少に転じると見られています。国連の予測によればピークは２０３０年ころで、２０５０年代の後半に13億人を割り込む見通しです。

これは、中国が一人っ子政策によって子どもの数を抑制してきたからです。中国の国家統計局が２０１２年に公表した合計特殊出生率は１・18と、日本が最低だった05年の１・26を大きく下回っています。

日本と中国で２０１０年の人口ピラミッドを比べると、興味深いことがわかります。日本でもっとも人口が多いのは60～64歳層と35～39歳層（団塊の世代とその子世代）で、下のほうが先細りになっています。中国は40～44歳層と20～24歳層が多く、下のほうが先細りになっています。ピラミッドの上部は中国のほうが尖っていますが、日本の64歳以下と中国の44歳以下のかたちが、とてもよく似ているのです。

ということは、一人っ子政策の継続でピラミッドの下部がそのまま持ち上がれば、中国の人口ピラミッドは20年後の２０３０年に、10年の日本の人口ピラミッドと似たかたちになるはずです。そのころ中国の高齢化は必ず大問題になるでしょう。中国ではすでに深刻な少子高齢化が始まっているのです。

成長率と人口増加率で世界最低の日本は、どうする？

本題の中国からちょっと脱線しますが、ＰｗＣが予測する２０５０年までのＧＤＰ成長率で、どうしても触れておく必要があるのは、日本の成長率が１・４％と32か国中最低で、人口増加率もマイナス０・５％とロシアと並んで最低だ、ということです。

いうまでもなく日本は、人口がだんだん減っていくために成長率が低く、ＧＤＰランキングでも7位に後退するわけです。日本はどうすべきなのでしょうか。

人口の減少は、もう食い止めることができません。高齢者に厚く若年層に薄かった福祉政策を改め、若い人の出産・子育て支援策を打ち出して出生率を高めることができたとしても、生まれてくる赤ん坊が働きはじめて日本の成長に寄与するまでに20年、30年とかかります。うまくいっても、ようやく２０４０年代に成長率が上向くかどうかという話ですから、ＰｗＣの予測をくつがえすことは難しいでしょう。

しかし、悲観する必要などまったくない、というのが、私が声を大にしてお伝えしたいことなのです。

日本経済は高成長、安定成長、低成長をへて、いまや成熟期に入りました。物があふれた成熟社会で人が減るのですから、物の成長はもう終わりです。〝モノ〟から〝ヒト〟への経済の転換、ハードからソフトへの転換が必至で、サービス産業のウェイトが70％を占めるのも当然です。日本は、経済のサービス化を前提として、量や価格ではなくクオリティの高さで勝負することが鍵になってきます。

環境・安全・健康で世界1という日本の生き方

そこで日本と世界を見わたせば、中国にもほかの先進国にもない日本の強みに気づくでしょう。日本の強さを示すキーワードを三つ挙げれば「環境」「安全」「健康」です。この三つの分野で、日本は世界を断然リードしています。

環境面を見れば、山がちの日本は国土の68％が森で、世界に冠たる森の国。同時に雨が多い水の国ですから、日本は森と水の国です。水道の蛇口をひねれば必ず水が出てそのまま飲める国など世界にほとんどなく、日本の水道技術は文句なしに世界1。高度成長期に公害で苦しんだので大気汚染防止技術も世界1。石油ショックで苦しんだので省エネ技術も世界1。ハイブリッド車や電気自動車も世界1。福島第1原発事故の災いも転じて、放射能汚染対策でも世界1になればよいのです。

安全面を見れば、日本の都市ほど安全な街は世界にありません。地震や台風が多いので建設や土木の安全面は世界1。新幹線の安全な運行システムも世界1。新幹線並みのスピードで走る鉄道は各国にありますが、前の列車が東京駅を出発した3分後に次の列車が発車して同じ線路を走るという驚異的なシステムは、日本にしか実現できません。

健康面を見れば、日本人の平均寿命はほぼ世界1。肥満人口が3％の日本は、もっとも肥満が少ない健康的な先進国です。医療水準はきわめて高く、国民健康保険その他の制度も整っています。世界1うまい日本の食は、世界1健康によい食事で、世界中で和食ブームや寿司ブームが起こっています。畳を敷いて裸足ですごす日本式生活も、先進国ではブームになっています。これも健康的だからに違いありません。

環境・安全・健康の三つは、日本の世界1が目白押しで、日本の得意分野であることがおわかりでしょう。いうまでもなくこの三つの分野には、先進国をはじめ世界中が強い関心を寄せ、新しいビジネスを狙って多くの企業が参入しています。ここに大きな強みを持つ日本は、潜在的にきわめて大きな成長力を持っているわけです。

しかも2020年東京オリンピック・パラリンピックの誘致に成功し、海外が日本に大きく目を向けています。私たちは悲観する必要などありません。成熟期に入ったとしっかり認識し、〝モノ〟に大きく傾斜していた古い制度や慣行を改め、日本の強みを最大限に生かすビジネスを展開すれば、恐れるものなど何もない、と私は考えています。

輸出依存度が高いから、欧米経済の悪化に影響されやすい

閑話休題。ここで中国の〝アキレス腱〟ともいうべき、中国経済の懸念材料について、二つの問題を指摘しておきましょう。

第1の懸念材料は、中国の輸出依存度が高いことです。工業製品を中心に輸出を拡大してきた中国は、2009年にドイツを抜いて世界1の輸出大国になりました。ところが、

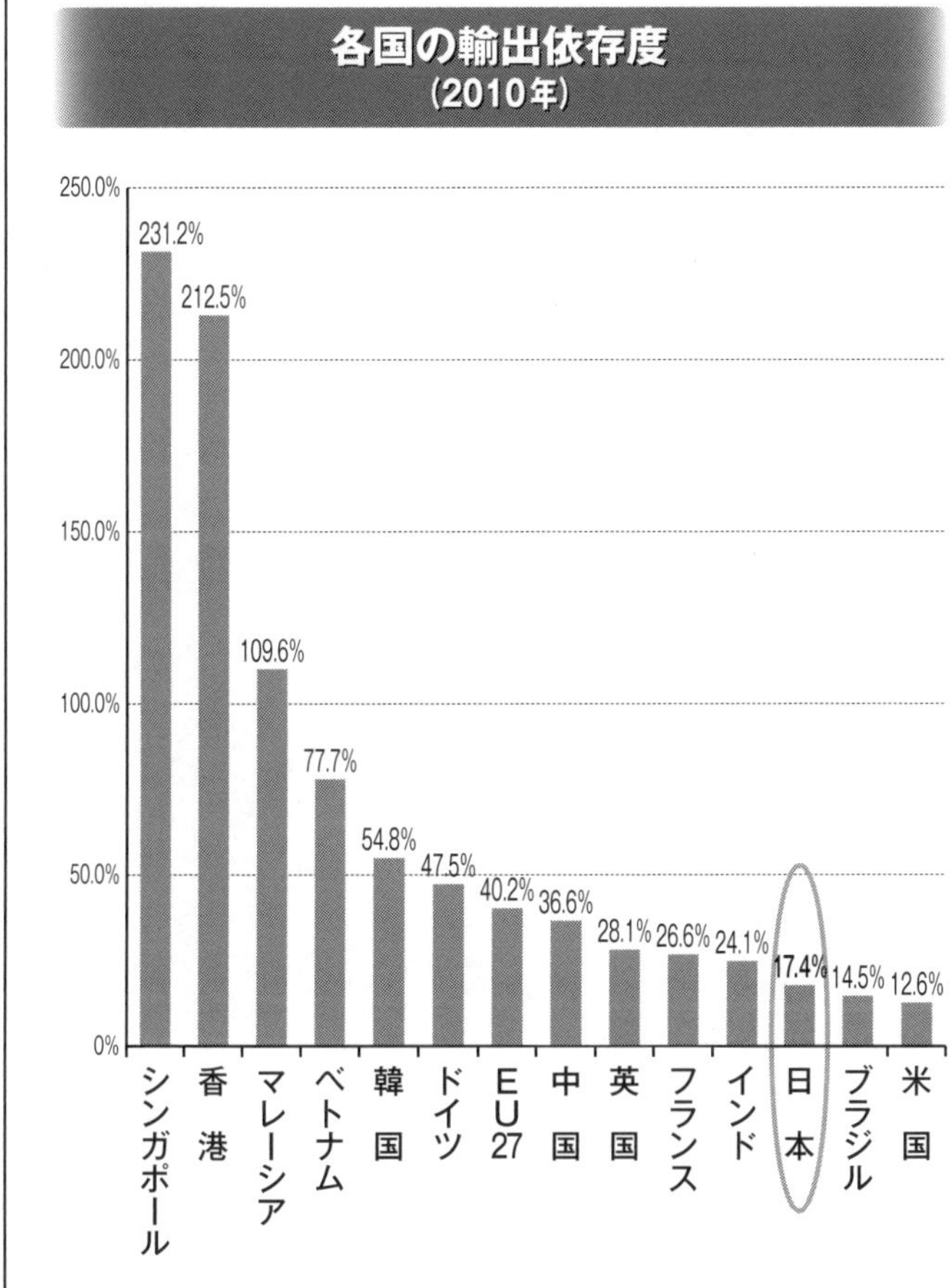

出典：IMF、内閣府「国民経済計算」

中国の輸出依存度（輸出額÷GDP×100%）は2010年に36・6%。これは、人口規模が億を超える大国では、例を見ない高い数字です。

中国より輸出依存度が高い国は、国というより国際都市のシンガポールと香港は別格として、マレーシア・ベトナム・韓国・ドイツくらいです。ドイツは地続きのヨーロッパにある「EUの工場」ですから、例外的に高いのです。

ドイツと同様EUで底上げされているイギリスとフランス、インドが20%台。日本とブラジルが10%台。アメリカに至ってはわずか12・6%です。中国経済がいかに輸出に大きく依存しているか、逆にいえば国内需要がまだまだか、おわかりでしょう。

東アジア経済統合のところで見たように、いわゆるグレーターチャイナ（中国・香港・台湾）の輸出額が大きい相手国はアメリカ、日本、韓国、ドイツなどです。地域ではヨーロッパと北米が2割前後ずつ、日本と韓国と合わせて10%台前半です。

ということは、欧米経済が悪化すると、輸出の4割が影響を受けかねません。欧米の悪化は日本と韓国の経済も悪化させますから、日本や韓国向け輸出も影響を受けます。ヨーロッパ危機やアメリカの景気後退といった世界的な不況が進むと、中国は輸出が大きく減り、成長が鈍化してしまうのです。

中国が引っかかりかねない「中進国のわな」

第2の懸念材料は、いわゆる「中進国のわな」（中所得国のわな）です。最近、これまで中国にあった工場が、人件費が高くなったためにミャンマーやバングラデシュに移りはじめた、といわれています。

たとえば、9割近い製品を中国で生産していた日本のユニクロは2010年、バングラデシュへの進出を発表。貧困層への無担保融資を打ち出してノーベル平和賞を受賞したグラミン銀行と合弁会社をつくって、3年後に2000人の雇用を目指しました。ユニクロ製品はバングラデシュではロクに売れない様子ですが、対中国向け工場をバングラデシュに建設する準備のための進出ならば、的を射た戦略でしょう。

中国での現地生産では、反日デモ、環境問題、賃金上昇はじめさまざまな「チャイナ・リスク」が指摘され、「チャイナ・プラスワン」という言葉が叫ばれています。

これは、中国だけに集中するとリスクが大きすぎるから、中国にプラスしてもう一つ生産拠点や仕入れ先を準備しておく必要があるという考え方で、インドネシア・ベトナム・タイ・カンボジア・ミャンマー・バングラデシュなどがプラスワン候補です。

こうした動きがさらに目立ってくると、中国が「中進国のわな」に引っかかりはじめたことを示すのではないか、と見る向きもあります。

「中進国のわな」というのは、中進国が先進国へと発展していくとき陥りやすい落とし穴やトラップのことです。

人口が多く労働力が一定のクオリティに達していれば、途上国（低所得国）が1人あたり年間所得で数千〜1万ドルの水準に到達することは、あまり難しくないと考えられています。自然な人口増や海外からの投資で、そこまではどの国も無理なく成長できます。

ところが、中進国（中所得国）が1人あたり所得数千〜1万ドルの水準を突き抜けて、1万5000ドル、2万ドルへと持っていくこと、つまり中進国から先進国（高所得国）にレベルアップすることは、かなり難しいのです。

実例を挙げると、過去30年間で1人あたりGDPを13倍にした韓国は、先進国の仲間入りを果たしました。30年間に3倍にしかできなかったメキシコは、わなに引っかかった口ですが、その後かろうじて仲間入りしました。25年ほど高成長を続けたタイは、成長率が鈍化してきて、わなに引っかかったまま抜け出せていません。

中国の1人あたり所得は、国連統計ベースで2013年に6595ドル（世界第106位）でした。1万ドルを目指すここから先が正念場、という段階です。

ちなみに、日本の1人あたり所得は4万ドル弱です。8～10万ドル以上の国は、モナコ・バミューダ・カタール・マカオなど〝特殊〟な商売の国が中心です。続いて北欧6万ドル強、アメリカとカナダ5万ドル強、西欧主要国4万ドル台、イタリア3万ドル台半ば、韓国2万ドル台半ば、ギリシャやポルトガル2万ドル強など、以上は先進国です。

さらにロシア1万ドル台半ば、東欧や南米の主要国1万ドル台と続き、メキシコがギリギリ1万ドルに乗せています。このあたりまでは、まずまず高所得の国です。

東南アジアは中国より下で、タイが6000ドル弱の中所得国。インドネシアとフィリピンが約3300ドル、ベトナム1800ドル弱、インド1400ドル、バングラデシュがギリギリ1000ドルで、これらは開発途上にある低所得国です。

中進国が、わなに引っかかってしまう理由

中進国というのは、なぜ、わなに引っかかってしまうのでしょうか。

途上国が中進国のステージに進むと、賃金が上昇して、輸出品の価格競争力が弱まります。すると、これまで輸出先だった国には、もっと安い製品をつくる途上国からの輸入に切り替えるところが出てくるでしょう。

そこで、途上国に製造できない高級品をつくって新しい輸出先を広げようとしても、まだ高い技術力がついていませんから、今度は先進国との競争に負けてしまいます。

こうして、中進国がなかなか成長できず、足踏み状態を続けて、次の発展段階に進めない事例がしばしば散見されることになります。

ですから、中国に懸念される第1の問題として、輸出依存度が高いことを指摘しましたが、第1の問題と第2の問題は、おおいに関係があります。

経済の「先進国への移行」は、1人ひとりの所得を増やすこと、つまり人件費を高くすることです。対して経済の「輸出への依存」は、コストを抑えた競争力のある製品をたくさん輸出すること、つまり人件費を低く抑えることです。ようするに、もともとベクトルが逆向きで矛盾していますから、両立させることがきわめて難しいのです。

輸出に依存しつつ先進国のステージに進むことができる例外は、低コストで輸出できるものを膨大に持っている資源国だけで、オーストラリアや中東産油国くらいでしょう。

内需拡大やイノベーションを、どう実現していくか

中進国のわなに陥らないために、中国がどうすべきか、考えてみましょう。

よく指摘されるのは、中進国から先進国に段階を上げるためには、国内需要の拡大とイノベーション（技術革新にとどまらない、新しい価値の創造や社会の変革）が必要だということです。内需拡大やイノベーションには、国内市場の自由化、競争の促進、人材育成などが不可欠でしょう。

これは口でいうほど簡単ではありません。自由化や競争の促進を、政府の関与が大きい「国家資本主義」が阻んでしまう心配があるからです。

中国は、先進国から先端技術を駆使した機械を輸入し、分解し徹底に研究して同じものをつくるのは得意なようですが、イノベーションは、単なるハードの技術革新ではなく、発想の転換や価値の創造によるシステムの革新が鍵になります。やはり批判や逸脱を許す自由闊達な社会のほうが、イノベーションは出てきやすいのでしょう。

中国の潜在的な国内需要は、間違いなく非常に大きいのですが、国や人口があまりにも大きすぎることが問題を難しくしています。

中国では失業率が非常に高い、一人っ子にカネをかけて大学まで出したのに職が見つからない、というニュースをよく見聞きします。中国はずっと2ケタ成長で、安定成長でもなお6～7％成長ですから、労働力不足が問題になっても不思議はなさそうですが、それはありません。成長率が2％に乗るかどうかという低成長下で、なお労働力不足が叫ばれる日本とは対照的です。

これは、14億人近い巨大な人口をかかえる中国では、次から次へと新たに出てくる大きな雇用を吸収することが、非常に難しいからです。

中国の台湾EMS企業が数万〜10万人規模の従業員をかかえる工場をいくつも建て、日米欧などのメーカーも盛んに進出し、文字どおり「世界の工場」という状態でなお余っている人手を、農業ではなく（農業で食えないから都市に出てくるわけです）、しかも輸出に依存しない産業で引き受けるには、どうすればよいでしょうか。

手っ取り早い引き受け先の一つは、工場を建てる必要がなく、労働者のスキルもあまり必要としない建設業です。しかし、建設業で何をつくるかが大問題で、現実に第2章で触れたようなゴーストタウン「鬼城」が生まれてしまうわけです。

これは無用の長物には違いありませんが、巨大な雇用を吸収する効用だけは認めてよいのでしょう。公共事業は、それこそエジプトでピラミッドが建設された時代から、雇用を生み出す効果に大きく着目して実施されてきましたから。

肝心なのは、建設に人的資源を投入してできあがったインフラが、建設以外の内需を増やし、個人の消費を拡大させることです。道路や鉄道の建設も内需拡大の一つですが、結局は、それで何を運ぶのだという話になります。運ぶものを生み出す産業を育てなければならないのです。

日本を訪れる中国人が、秋葉原で家電製品を山のように買ったり、ドラッグストアで紙おむつや粉ミルクを買い占めたりするのは、付加価値が高く信頼できる製品を、まだ国内で充分つくることができないからでしょう。それをつくる産業を育てて内需を拡大させていくには、ある程度の時間がかかります。

もたつけば、新たに出てくる雇用を吸収できず失業者が積み上がる一方ですから、とりあえず建設業で吸収する。すると個人消費を満たす新たな産業が出てこない。そんな悪循環が続いてしまう恐れが、少なからずあります。中国経済から「中進国のわな」の懸念が払拭されるのは、まだまだ先になりそうだ、と私は見ているのです。

変動相場制以後の10年で、人民元は25％切り上がった

ここからは、中国の通貨「人民元」（元）についてお話ししましょう。人民元は日本の呼び方で、中国では「人民幣」と呼んでいます。

人民元は、２００５年７月までは１ドル＝約８・28元という「固定相場制」になっていました。これが７月21日、ドルに対して約２％切り上げられて１ドル＝約８・11元になる

と同時に、前日の為替レートから上下0・3％までの変動を認める「管理変動相場制」に移行しました。同時に通貨バスケット制（レートをドル・ユーロ・円・ウォンなど複数の通貨に連動させる）も始めましたが、やや実態がはっきりしませんでした。

２０１５年9月のレートは、１ドル＝約６・35元です。人民元を基準として見ると、１元＝０・12ドルが1元＝０・１５７ドルになったわけですから、この10年で元がドルに対して約25％切り上げられた（元が値上がりして強くなった）のです。ドルを基準として見ると、ドルが元に対して約25％切り下げられた（ドルが値下がりして弱くなった）ことになります。

これは輸出で高成長を続けてきた国では当然のことで、日本もその典型でした。日本は１９４９年からドル・ショックが起こる71年まで、ずっと1ドル＝３６０円の固定相場制でした。高度成長期に対米輸出をどんどん増やし、外貨を貯め込み、国民所得を増やしていたのに、ドルと円の交換レートが変わりませんから、70年ころには極端な円安ドル高（円の過小評価、ドルの過大評価）になっていました。

アメリカは戦後、世界中にドルをバラまいて復興を助けましたが、各国の経済が回復してくると、ヨーロッパでも同じような状況が生まれます。ソ連と対峙したアメリカが軍事支出を増やしたこともあって、ドルがアメリカ国外にどんどん出ていってしまい、とうと

東アジア各国（ASEAN＋3）の金融・為替制度

	金融	通貨制度	為替規制
日　本	独立	フロート（円）	なし
韓　国	独立	フロート（ウォン）	なし
中　国	独立	管理フロート（元）	あり
インドネシア	独立	フロート（インドネシアルピア）	なし
シンガポール	独立	フロート（シンガポールドル）	なし
タ　イ	独立	フロート（タイバーツ）	なし
フィリピン	独立	フロート（フィリピンペソ）	なし
マレーシア	独立	管理フロート（リンギ）	あり
ブルネイ	従属	固定（ブルネイドル・シンガポールドルと等価）	なし
ベトナム	独立	管理フロート（ドン）	あり
ミャンマー	独立	管理フロート（チャット）	あり
ラオス	従属	タイバーツ・人民元・米ドル等が流通（キープ）	あり
カンボジア	従属	米ドルが流通（リエル）	あり

ASEAN＋3＝インドネシア・シンガポール・タイ・フィリピン・マレーシア・ブルネイ・ベトナム・ミャンマー・ラオス・カンボジアに日本・中国・韓国を加えた13か国は、それぞれ独立した通貨を使い、金融政策も独自に展開している。

出典：各種資料より編集部作成

うドル・ショック（ドルと金との一時兌換停止）に追い込まれたのです。

このときドルは各国通貨に対して切り下げられ（各国通貨が切り上げられ）、円については1ドル＝３０８円の固定相場制が始まりました。その後、円は73年に変動相場制に移行して1ドル＝２６０円程度、直後にオイル・ショックの影響で1ドル＝３００円近い水準になりました。

ようするに、ドルがどんどん弱くなってドル危機が進み、ドル・ショックの混乱をへてやや落ち着くまでの間に、日本は固定相場制から変動相場制に移行し、円がドルに対して20％ほど切り上げられました。

ですから、中国が固定相場制から変動相場制に移行し、10年たってみれば、人民元がドルに対して25％ほど切り上っていることは、当たり前なのです。人民元とドルの関係は、かつての円とドルの関係によく似ている、ともいえるでしょう。

円のその後を振り返ると、70年代末から85年プラザ合意まで1ドル＝２００～２５０円で推移しましたから、71～73年の20％切り上げのあと、さらに20～30％の切り上げがあったわけです。これから類推すれば、２０２０年前後までに中国の人民元が、対ドルでさらに20～30％切り上がっても、不思議はありません。

よく「中国経済は、日本経済を40年前後のタイムラグで追いかける」といわれます。かつて世界中のテレビやビデオを日本が送り出し、いま世界中のパソコンを中国が送り出していることは、その実例の一つでしょう。対ドル為替レートでも、同じように人民元が円の後追いをする可能性は小さくありません。

円の場合は、40年間で1ドル＝360円から80円を切る水準まで円高が進み、一時的でしたが、ほぼ4倍の切り上げがありました。同じように1ドル＝2元の時代がくるかどうかはわかりませんが、2050年に現在よりはるかに元高になっていることは、間違いないでしょう。

人民元の自由化は、間違いなく進んでいく

伸び盛りの中国経済に対して、元高（元安の是正）を強く要求するのはアメリカです。中国としては、アメリカとあまり事を構えたくありませんから、アメリカが安すぎると批判的な元の対ドルレート問題をどうさばいていくかが、今後の注目点です。

もっとも、アメリカは「人民元をドルに対して切り上げよ」という露骨な言い方は、していません。

2015年に株式バブルが崩壊したときも、アメリカは「米中の経済関係は2国間の優

先事項だ」「中国経済の透明性を高めるため、中国に対して人民元の為替制度のさらなる自由化などの改革を促していく」といった抑制的な言い方でした。中国は為替レートが市場で自由に決まる方向に進んでくれ、そうすれば自然と元高ドル安になる、と考えているのです。

人民元は、現在は自由通貨ではなく、中国政府がある程度コントロールしています。08年9月には変動制をやめて対ドルレートを1ドル＝6・83元に固定しました（10年6月まで）。通貨の移動を制限し、為替介入もおこなって元安の方向に誘導しているのです。

もっとも、0・3％でスタートした管理変動相場制の上下幅は、07年5月に0・5％、12年4月に1％、14年3月に上下2％と拡大させ、規制をだんだん緩めています。

政府が規制を設け、コントロールしている通貨は、信頼性のある通貨とはいえず、取引も増えません。「コンバータビリティを回復する」といいますが、中国が今後、元を自由に売買できるコンバータブルな通貨に近づけていくことは間違いありません。

それまでにかなりの時間がかかるでしょうが、次第に規制の緩和は進んでいくでしょう。為替のコントロールを解いて自由化することは、金融のコントロールを解くということです。中国は金融と為替をどちらも視野に入れて、自由化への舵取りをするはずです。

元の対ドルレートの推移

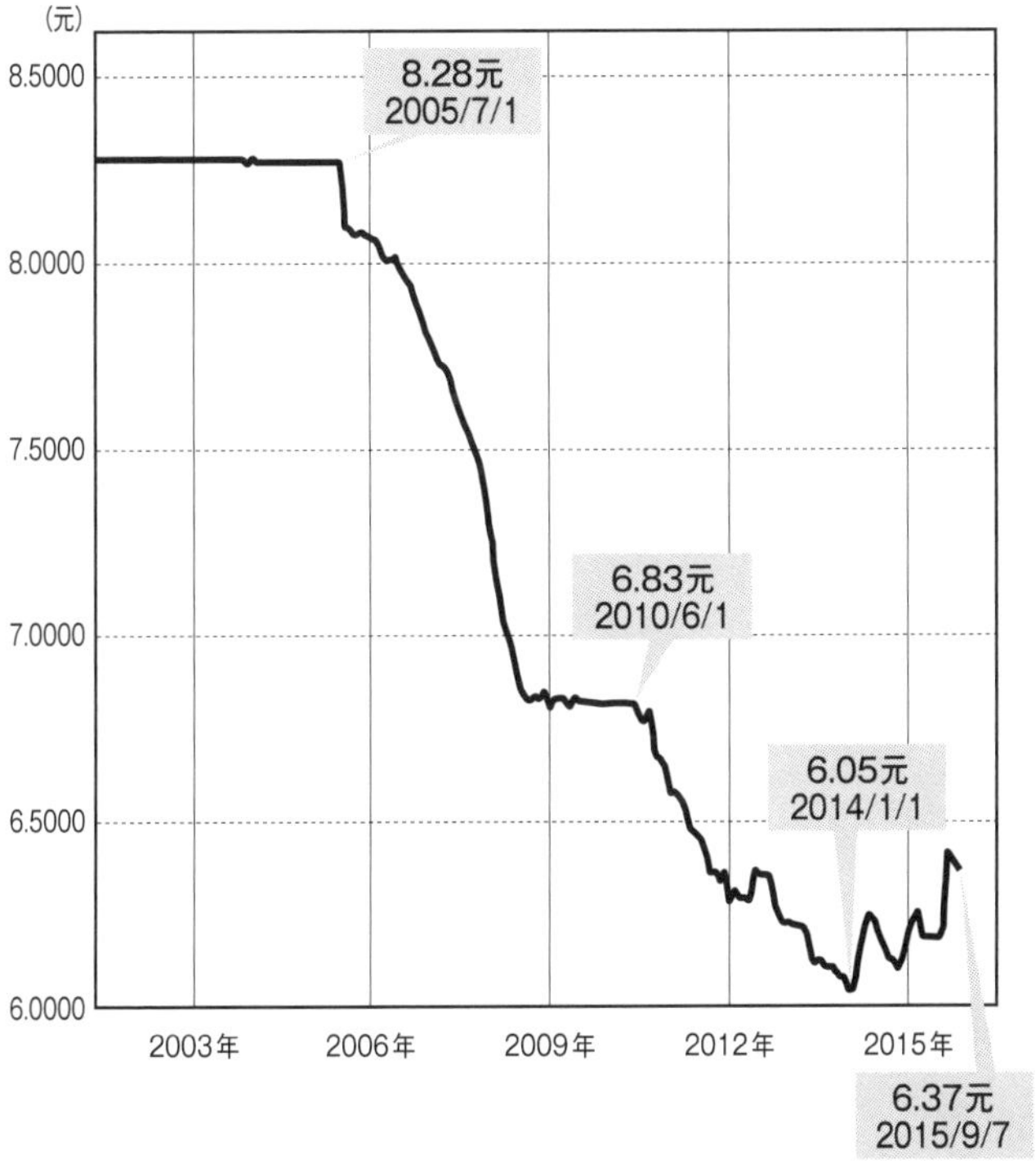

出典：finace.yahoo.com ほかより編集部作成

元高は、中国にとって必ずしもマイナスではない

自由化すると、人民元は、政府のコントロール下にあるよりは元高（ドル安。他のユーロや円に対しても同じ）になります。いまは中国当局が、輸出競争力を削ぐとして元高を警戒しており、株式バブル崩壊で経済の減速懸念が強まった15年8月には、中国人民銀行が3日連続で人民元を切り下げ、元安に誘導しました。

しかし、長い目で見れば、中国にとって元高は悪いことではありません。

ここでも日本の前例を考えましょう。日本は1ドル＝360円の為替レートが長く固定されたことで大きな恩恵を受け、高度成長を果たしましたが、変動相場制に移行した1970年代以降は、円は切り上げに次ぐ切り上げを余儀なくされました。

円高ドル安が一段と進むたびに、日本中の企業が「これ以上の円高には耐えられない」と悲鳴を上げたものです。ところが、そのわりには、円高を直接の理由に倒産した輸出企業はそれほど多くありません。

一国の通貨が、他の通貨に対して値上がりして強くなると、輸出価格を上げて輸入価格を下げる「価格効果」と、国全体のコストを下げて実質所得を上げる「所得効果」が生ま

元の対円レートの推移

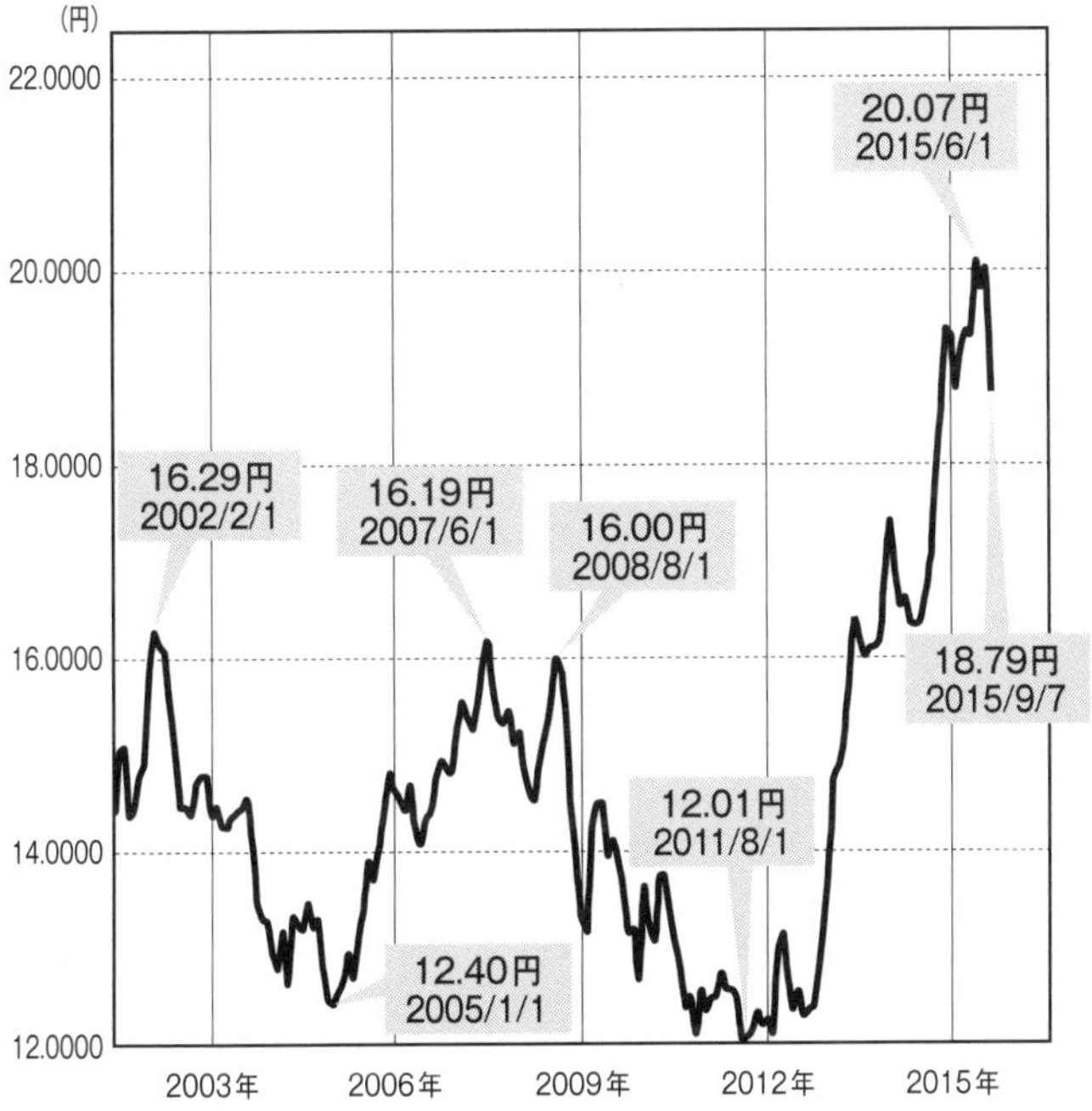

出典：finace.yahoo.com ほかより編集部作成

れます。

日本で大騒ぎになるのは、価格効果のうち工業製品などの輸出価格が上がるマイナス面だけですが、実はエネルギーや食糧など資源の輸入価格が下がるプラス面もあります。価格効果が相殺されるぶん、円高のデメリットは小さくなるのです。しかし、プラス面を享受する企業や人は、たいてい黙っており、儲かってよかったとはいいません。所得効果も儲かる話なので、みんな黙っています。

ですから、円が1ドル＝250円から120円と2倍になっても、あるいは80円と3倍になっても、輸出が半減したり3分の1に縮むわけではないのです。

同じことは中国の人民元にもいえます。中国は、部品を輸入し国内で組み立てて輸出する加工貿易の比重が大きいため、やはり価格効果が相殺され、元高のデメリットが小さくなります。

ロシア、ブラジル、オーストラリアなど、もともと国内にある鉱物を輸出する資源国では、通貨高が輸出価格上昇に直結しますが、これとは日本も中国も事情が異なります。

中国は「人民元の国際化」「アジア通貨化」を狙っている

元高を警戒しつつ人民元の自由化を進めていく中国は、為替自由化や金融自由化の先に「人民元の国際化」あるいは「人民元のアジア通貨化」を考えています。人民元のアジア通貨化は「人民元をアジアの基軸通貨にする」と、いいかえてよいでしょう。

中国の貿易取引では、ベトナム、ラオス、ミャンマー、中央アジア諸国、ロシアなどとの間で、すでに人民元が広く使われています。香港やマカオでも、香港ドルやマカオ・パタカに加えて、人民元が広く流通するようになってきています。人民元建て貿易決済に続いて、人民元建て対外・対内直接投資や人民元建て債券の発行も広げています。

香港やマカオなどの人民元業務の拡大はもちろん、非中華圏のアジアでも人民元の国際化を進めようとしているのです。第１章で見たＡＩＩＢ、西に進める一帯一路、シルクロード基金なども、人民元をアジアの基軸通貨していくという狙いの一環です。

しかし、一方で中国は、まだ資本取引規制や為替規制を続けています。これらの規制を撤廃していくには、まず国内の金融システムを整備する必要があります。つまり、人民元の国際化は、国内の金融の自由化や資本移動の規制撤廃と並行させせながら、漸進的に進めていかざるをえません。これが中国当局の政策的なスタンスです。

周小川・中国人民銀行総裁は、08年のリーマン・ショックでアメリカを中心とする国際金融システムが大きく揺らいだあと、ドルを基軸とする国際通貨体制の限界を指摘して、より中立的な「ＳＤＲ準備通貨構想」というものを提案しました。

ＳＤＲ（Special Drawing Rights）とは、国際通貨基金（ＩＭＦ）が69年につくった国際準備資産で、ＩＭＦへの出資金に応じて加盟国に配分される資金特別引出権（とその単位）のことです。このＳＤＲを主権国家の枠を超えた新しい準備通貨（各国が外貨準備としてメインに持つ通貨。現在は６割がドルで２割がユーロ）として使ったらどうか。これが周総裁の提案です。

この構想は、かつてケインズが主張したバンコール構想に似ています。ケインズは、米財務次官補Ｈ・Ｄ・ホワイトのドル基軸通貨構想に反対して「バンコール」という国際通貨の創設を提案しました。

結局はケインズ案は退けられ、ホワイト案にそって、ドルを基軸とする第二次大戦後のブレトンウッズ体制がつくられました。これは、アメリカの通貨であるドルが、同時に世界の基軸通貨（どの国の通貨とも交換できる、準備通貨になるなど、中心的に扱われる通貨）になっている体制です。

そこで、アメリカの貿易収支で黒字が続くと、世界に出回るドルが引き上げられ、世界がドル不足に陥っていきます。反対にアメリカの貿易収支で赤字が続くと、世界でドルがダブつき、ドルへの信任が失われていきます。構造的にこのジレンマが避けられません。現実には、後者の傾向がどんどん強まっていき、ドル・ショックに至りました。

ブレトンウッズ体制は崩れても、いまもドル基軸体制であることに変わりはないから、ドルになるべく依存しない中立的な通貨体制のほうがよい、というのがＳＤＲ準備通貨構想です。中国は、これを実現させ、新しい体制下で人民元の機能や役割を拡大していくことを狙っているでしょう。

円は元の自由化で「ポンド化」する恐れが大きい

中国が為替規制を撤廃して人民元を自由化すれば、人口や経済規模からしても、元は円よりも多く取引される通貨になっていきます。東南アジアに華僑が進出して経済を牛耳っている巨大な中華圏に加えて、中央アジアや西アジアでも一帯一路の整備が進めば、元はアジアの主要通貨になります。

すると、アジアで日本円の果たす役割が元に取って代わられます。そのとき円は、共通通貨ユーロがメインになったヨーロッパにおける、イギリスポンドのような存在になってしまうかもしれません。日本経済はそこそこ大きいので、ローカル通貨やマイナー通貨にはなりませんが、円が「ポンド化」する恐れは大きいでしょう。

いま「三大通貨」といえば、ドル・ユーロ・円の三つを指します。円はドルやユーロに比べればマイナーですが、三つとも自由な通貨で、国際的な信用もあり、多くの場所で使われています。しかし、人民元が円に取って代わると、「三大通貨」はドル・ユーロ・元の三つになるでしょう。

多くの日本人は「¥」を日本円を表す記号と思っています。世界でもそう思っている人が多数派です。たしかに「¥」は「YEN」のYからきています。ヘボン式ローマ字に名を残すヘボンはじめ英語圏の人は、日本語の「え・ゑ」を「YE」と書きました。江戸を「EDO」ではなく「YEDO」と書いたように、円も「YEN」です。円と元の発音が同じことから、人民元の記号も¥を使っています。

ところが、「¥」を見て、世界の誰もが、日本円ではなく人民元の記号と思う時代が、近い将来くるかもしれないわけです。

余談ですが、中国では日本円のことを「日元」といいます。ドルは「美元」でユーロは「欧元」です。「円」という字は中国にはありません。昔は、香港で鋳造した銀貨に「香港一圓」と刻むなど「圓」という字を使いましたが、画数が多く書くのが面倒なので音が同じ「元」を使うようになったのです。日本で「ミスター円」というあだ名を頂戴している私は、中国に行くと「日元先生」と呼ばれることがあります。

アジア通貨圏への道は、遠く険しい

円がイギリスポンド的な存在になり「三大通貨」から脱落してしまう前に、日本は「アジア版ユーロ」のようなアジア共通通貨の導入を目指すべきかもしれません。

アメリカはカナダやメキシコなど中南米を巻き込んだドル通貨圏を、ヨーロッパはユーロ通貨圏を形成しています。同じようにアジア通貨圏ができる可能性は皆無ではない、と私は考えています。

ヨーロッパが共通通貨ユーロを導入してユーロ圏をつくった最大のメリットは、域内であらゆる取引コストが下がることです。互いの通貨を交換する、あるいはドルとの交換を介在させて通貨を交換するコストが、貿易でも資本取引でも必要なくなります。

第4章で見たように、東アジア経済統合は、ある面でEUにかなり近い経済的な結びつきになっていますから、製造ネットワークだけでなく金融や通貨の世界でも、もっと深い関係を築いたほうがよい、という考え方は筋が通っています。

もっとも、アジア通貨圏といっても、中心となる国（通貨）は、日本（円）と中国（人民元）しかありません。

ですから、アジア通貨圏をつくるかどうかは、基本的に日本と中国の問題です。韓国やASEAN諸国は日中の後からくっついてくるという話です。

ヨーロッパがユーロを導入するときは、まず「スネーク制度」といって、各国通貨の対ドル変動幅を一定の範囲に抑えることから始めました。通貨レートは上下に狭い幅のなかだけで変動します。縦に価格を、横に時間軸を取ると、ヘビがうねっているようなグラフになるから「スネーク」です。上下幅を1・5％、1％と狭めていき、0％になった時点で、共通通貨が誕生します。アジアでアジア通貨圏をつくるときは、ヨーロッパがやったように、円と元の2本立てでスネーク制度をつくり、幅を狭めていくはずです。

アジア共通通貨は、日本にも中国にもメリットがあります。阻む問題があるとすれば、両国の政治体制の違い、価値観や考え方の違いなどでしょう。

日本側では「中国なんかと一緒になりたくない」という反発が強いかもしれません。中国側も、中華思想ではないですが、大国としての面子を重んじますから、ある程度のヘゲモニーを維持したいと思うはずです。人民元が順調に拡大していき、東・東南アジアの大中華圏と中央・西アジアを巻き込んだからもう充分だ、と中国が思えば、別に日本と組む必要などなく、日本をはじこうとするかもしれません。

アジアの円と元は、ヨーロッパのマルクとフランに相当します。ヨーロッパでは、長いあいだ敵同士だったドイツとフランスが強く手を結んだからこそ、EUが生まれユーロを実現できたことは、すでに見たとおりです。しかし、ユーロ導入までに半世紀かかりましたし、60年以上へてなお、ギリシャ問題などで揺れています。

70年前まで互いに敵だった日本と中国は、いまだにいがみ合うことがありますから、共通通貨までの道のりは、遠く険しいといわざるをえません。日本と中国が強く手を結ぶことができない限り、アジア通貨圏は実現しないでしょう。

「通貨の無極化」時代が到来する

アジア通貨圏ができようとできまいと、将来の東アジアの金融・為替システムは、中国が中心になっていかざるをえません。

そのとき、日本が下を向いていてはダメです。中国は社会主義の旗を簡単には下ろしませんから、日本は民主主義・市場経済下の通貨である円を駆使して、アジアでそれなりの役割を果すことができるのです。いまから中国はじめ各国との話し合いをスタートさせ、将来の東アジア通貨体制について考えていくことは、日本にとってきわめて重要です。

日本では近年、中長期の構想を考える人物や組織が少なくなってきているようです。東アジアの経済統合や東アジアの金融・為替システムについて、もっと真剣に、戦略的にとらえていく必要がある、と私は考えているところです。

この章は、2050年の中国経済の姿からはじめましたが、そのころ人民元とドルの関係はどうなっているでしょうか。最後に一言だけ触れておきましょう。

2050年に、中国のGDPはアメリカを大きく上回っていますが、1人あたりGDPはまだアメリカの半分以下でしょう。インドのGDPもアメリカの上ですが、インドの人口は17億人近くまで膨張しており、1人あたりGDPは日本の3分の1程度でしょう。「豊かさ」という点では、35年後も欧米や日本の優位は変わりません。

中国やインドの経済が強大になっても、第二次大戦後のアメリカのようなスーパーパワーになるわけではありません。もっともアメリカも、かつて誇ったスーパーパワーのステータスをとっくに失っているでしょう。

そのときの国際金融・通貨体制は、どの経済大国も突出して強いリーダーシップを握ることができず、「無極化」ともいうべき状態にあるだろう、と私は見ています。

第6章

アジアの時代がやってきた！
――日本はどう生きていくべきか

中国・インドは、ずっと世界経済の中心だった

この本では、最近の中国の動きを象徴するアジアインフラ投資銀行と株式バブル崩壊から始めて、中国の政治、東アジア経済統合、中国経済と人民元の将来と、私なりに中国の実像、ありのままで等身大の中国の姿に迫ってきたつもりです。

中国を膨脹主義の野望を秘めた巨大な脅威と見る人や、逆に、中国をなりこそ大きいが中身のともなわない脆弱な存在と見る人は、あまりに中国をふつうの国と同じように見すぎていないか、と思ったかもしれません。

しかし、その「ふつうの国」とは何を指すのでしょうか。日本でしょうか。欧米先進国のことでしょうか。それは、各国を上から下に並べて真ん中に位置する「中くらいの国」という意味ではありませんね。時代時代で世界のモデルとなるようなトップクラスの国のことで、いまでいえば先進的な民主主義国のことでしょう。

みんなそれと比べて、中国には自由も人権もない、市場経済を導入したとはいえ中国の国家資本主義は到底ふつうの資本主義ではない、などというわけですから。

ところが、実は中国4000年の歴史、4000年はオーバーというなら中国2500

年の歴史でもかまいませんが、世界史のなかの中国を振りかえれば、中国はほとんどの期間で世界をリードする「ふつうの国」でした。中国は、長い歴史のほとんどの時期、世界1の圧倒的な経済大国であり、世界でもっとも先進的な国の一つだったのです。

このことは、イギリスの経済学者アンガス・マディソンが推計した1500〜1913年の、つまりルネッサンスや大航海時代の幕開けから400年間ほどの、世界主要国の実質GDPの推移を見れば、納得できるでしょう。

400年ほど前、中国（当時は明）は、日本を除くアジアのGDPのほとんど半分近くを占めていました。インド（ムガール帝国）も単独でヨーロッパ全体よりも大きい富を生み出していました。

いまからほんの200年前の1820年でも、中国（当時は清）の実質GDPは西欧社会を大きく上回っていました。この時点で中国は世界のGDPの29％、インドは16％を握っており、両国のGDPが世界の45％を占めていたのです。このころイギリスでは産業革命が本格化していました。

その後の50年間に、西欧のGDP合計が中国とインドのGDP合計を上回ります。

西欧が豊かなアジアに目を着けて植民地化に本腰を入れたことを象徴するのが、1840〜1842年の阿片戦争でしょう。これに負けた清は香港島・九龍半島をイギリスに割譲せざるをえず、77年にはインドがイギリスの植民地になりました。

つまり、軍事力を背景とする欧米列強の植民地化で、中国とインドを中心とするアジアが没落していきます。没落を免れたのは、ギリギリで列強の仲間入りができた日本だけでした。この状況が19世紀後半から第二次世界大戦まで続きました。

第二次世界大戦は、日独伊枢軸3国と欧米が戦いました。日本は、これを大東亜戦争と呼び、「欧米による植民地支配からのアジアの解放」を謳いました。実は、それより前に台湾と朝鮮半島を植民地とし、満州国をつくり、中国と戦争していましたから、台湾・朝鮮・中国から見れば、日本は解放者ではなくアジアの支配者、圧政者です。

ですから、アジアの解放というスローガンを額面通りに受け取ることはできませんが、「欧米による植民地支配」はそのとおりで、事実、第二次大戦後にアジアの国ぐには次々と欧米から独立を果していったのでした。

かつてのアジアに戻る「リオリエント」が始まった

こうしてアジアの歴史を振りかえると、第5章で見た2050年の世界、つまり中国とインドが世界第1位と2位の経済大国に躍り出る状態は、新しい現象などではなく、かつ

世界主要各国の実質GDP推移（1500～1913年）

（100万ドル、1900年基準）

国名	1500年	1600年	1700年	1820年	1870年	1913年
イタリア	11,550	14,410	14,630	22,535	41,814	95,487
フランス	10,912	15,559	21,180	38,434	72,100	144,489
イギリス	2,815	6,007	10,709	36,232	100,179	224,618
スペイン	4,744	7,416	7,893	12,975	22,295	45,686
アメリカ	800	600	527	12,548	98,374	517,383
中国	61,800	96,000	82,800	228,600	189,740	241,344
インド	60,500	74,250	90,750	111,417	134,882	204,241
日本	7,700	9,620	15,390	20,739	25,393	71,653
西欧合計	44,345	65,955	83,395	163,722	370,223	906,374
アジア合計（日本を除く）	153,601	206,975	241,117	390,503	396,795	592,584

1820年時点で中国の実質GDPは西欧社会を大きく上回っていた。中国は世界の29％、インドは16％で、両国のGDPが世界の45％を占めていた。

西欧のGDP合計が中国とインドのGDP合計を抜くのは、ようやく1870年から。

出典：アンガス・マディソン著、金森久雄監訳・政治経済研究所訳『経済統計で見る世界経済2000年史』柏書房、2004年より編集部作成

てそうだったパターンへの回帰といえるでしょう。

つまり、ドイツ生まれの歴史家・社会学者のアンドレ・グンダー・フランクが指摘した「リオリエント」現象です。

ユーラシア大陸には、かつて長い間、中国とインドを中心とするグローバルな世界経済が成立しており、ヨーロッパは経済も文化も遅れた辺境地域でした。辺境にすぎなかったヨーロッパが世界経済をリードできたのは、大航海時代に世界に乗り出して南北アメリカやアフリカを見出し、その資源や労働力を手に入れて植民地をつくり、さらに産業革命を成功させたからです。

しかし、欧米が世界経済の中心だった時代は200年ほどで終わろうとしており、いままた中心がアジアに戻りつつあります。元に戻るのだと思えば、驚くような話ではありません。

中国とインドは世界でも突出して人口が多いわけですが、考えてみれば、これは、両国がずっと栄えていたことを意味しています。栄えていた地域だからこそ、人口が多いのです。全世界70億人の3人に1人が住む中国とインドに世界経済の重心が移ることは、長い歴史から見ればノーマルな状態に戻るということでしょう。

人口が多いにもかかわらず中国やインドが没落したのは、少数が多数を支配できる手段ができたからで、具体的には武器や機械の類いがそれです。それがものをいう時代は終わろうとしています。欧米が世界経済の中心だった時代は、この意味でも一時的なものだったのでしょう。

アジアの多様性は、活力にも混乱にもつながる

世界経済の中心が欧米からアジアに移る、あるいは戻るという移行期には、かなりの混乱が起こりうることを、私たちは想定しておく必要があります。

かつて、アジアから欧米に移ったときも、戦争や植民地支配による大きな混乱が続きました。国際社会が、というより人類が進歩していますから、大規模な戦争は起こらないでしょう。しかし、違うかたちでの混乱、たとえば世界恐慌や恐慌に近いようなノーマルでない事態が起こる恐れは、少なからずあるのです。

一言で「アジア」といいますが、実はアジアはきわめて広大で、多様性に富んでおり、とてもひとくくりにできるような地域ではありません。

宗教一つとっても、ヨーロッパは基本的にキリスト教が中心で、カトリックとプロテスタントの二つに分かれているだけです。アジアは仏教、イスラム教、キリスト教、ヒンド

ゥー教をはじめ、多くの宗教が混在しています。

アジアは、アッシリア語で東を意味する「アス」を語源としており、古代には現在の小アジア（アナトリア半島）を指し、後にユーラシア大陸のうちヨーロッパ以外の東方を指すようになりました。おおむねトルコ以東ということのようですが、ようするに、アメリカやアフリカをまだ知らなかったヨーロッパ人が、ヨーロッパではない地域全体をアジアと呼んだのです。つまり、もともとが「東のほう」という漠然とした言葉で、まとまっていないのは当たり前なのです。

そんな多様性は、アジアのダイナミックな活力の源泉でもあるでしょうが、アジアがバラバラのまま混乱する原因にもなるでしょう。私たちは、この点に注意を払わなければなりません。

アジアでどう生きるか、中国とどう付き合っていくか

リオリエントの動きが進み、中国が世界トップの経済大国になっていくなかで、日本が果たすべき役割は何でしょうか。日本は中国とどう付き合っていくべきでしょうか。

私たちは「アジアのなかで生きる日本」や「アジアとともに生きる日本」といったスロ

ーガン的な言葉をよく口にし、耳にもします。

私も含めて多くの日本人は、これまでこの言い方を、アジアで唯一列強の仲間入りができた日本の国民として、いささか優越感を抱きつつ、先の戦争で迷惑をかけたことだし、アジアの国ぐにや人びとのことを忘れてはいけないぞ、といったニュアンスで――つまりは、上から目線で使ってきたのではないでしょうか。

しかし、中国の実像をとらえ、東アジア経済統合の実態を確認し、中国の将来を見通せば、これは単なるスローガンやキャッチフレーズではなく、日本が否応なく直面させられているたしかな現実だ、と思えてくるはずです。

この本のテーマにそって言い換えれば、私たちは「中国とともに生きる日本」という現実に直面しているのです。日本は、これをもっと真剣に考えるべきでしょう。

経済的には、日本は中国とかなり一体化しており、アメリカよりも中国に近いとすらいえます。日本の最大の輸出先は、08年まで半世紀ほどずっとアメリカでしたが、09年からは中国です。13～14年は経済が好調なアメリカがトップに返り咲きましたが、米中はほとんど並んでいます。日本の最大の輸入先は、２００２年からずっと中国です。

日本と中国は、互いに抜き差しならない強固な経済関係を結んでおり、もう壊すことはできません。このことはしっかり認識しておく必要があります。

文化的にも、日本は中国と抜き差しならない関係を築いています。日本は長い歴史のなかで中国からさまざまなことを学んできました。政治や行政の仕組みも、仏教や儒教もそうです。日本人は小学校に入ると漢字を習います。みんな漢字を日本語のなかの難しい字くらいに思っていますが、もとはといえば、これは「中国の漢という国の字」です。

ところが、政治的・外交的には、日本はアメリカと同じ民主主義の国です。日米安保条約を結び、日本に世界最強の第7艦隊をおくアメリカは、日本にとって最重要の同盟国です。アメリカとの抜き差しならない関係を考えると、日本は、かなり微妙で難しい立場に立たされているというべきでしょう。

日本は、経済面では中国と共通の利害がありますが、安全保障面では中国と対立するわけです。そのなかで外交をどうマネジメントしていくかは、日本にとってきわめて重要な問題です。日本には、したたかで柔軟、軽業あり寝技ありのアクロバティックな外交が必要になってきます。いまそれがあるとは、お世辞にもいえません。そんな外交力、交渉力をつけていくことは日本の大きな課題の一つです。

明治の知識人には、日清戦争に反対し、中国を軽く見てはいけないと警告した人物が、少なからずいました。

たとえば、勝海舟は「日清戦争は兄弟喧嘩で、犬も喰わない。日本が勝ってどうなるというんだ。支那はスフィンクスとして外国の連中がわからないままに限る。欧米が（中国の実力を）わからないうちに、日本は支那と組んで商業なり工業なり鉄道なりをやるに限るよ」「支那５億の民衆は日本にとっては最大の顧客さ。また支那は昔から日本の師ではないか」といった言葉を残しています。

欧米列強が入ってきて中国をしゃぶりつくす前に日本と中国で組め、中国は日本にとって最大の市場だ、中国との歴史を忘れるな、というわけですが、うなずける部分があるでしょう。

お互いの抜き差しならない関係を基本にすえて、これまでの長い歴史を忘れず、表面的に多少対立しても、時間をおいて必ず基本に立ち戻る。日本は中国とそんな付き合い方をしていくべきだ、と私は考えています。

[略歴]

榊原英資（さかきばら・えいすけ）

1941年、東京都生まれ。東京大学経済学部卒業。大蔵省入省後、ミシガン大学で経済学博士号取得。IMFエコノミスト、ハーバード大学客員准教授、大蔵省国際金融局長を歴任。97～99年、大蔵省財務官を務め、「ミスター円」の異名をとる。慶応義塾大学教授、早稲田大学教授を経て、青山学院大学教授、財団法人インド経済研究所理事長。2004年より高校生向けの合宿研修会「日本の次世代リーダー養成塾」を定期的に開き、日本の将来を担う人材の育成にも携わっている。著書に『「通貨」で読み解くこれから7年、先読み！日本経済』（アスコム）、『中流崩壊』（詩想社新書）、『戦後70年、日本はこのまま没落するのか』（朝日新聞出版）などがある。

世界を震撼させる中国経済の真実

2015年10月15日　第1刷発行
2015年11月10日　第2刷発行

著　者　榊原英資

発行者　唐津 隆

発行所　株式会社ビジネス社
〒162-0805　東京都新宿区矢来町114番地 神楽坂高橋ビル5階
電話　03(5227)1602　FAX　03(5227)1603
http://www.business-sha.co.jp
〈編集協力〉坂本 衛　〈カバーデザイン〉大谷昌稔
〈撮影〉城ノ下俊治　〈本文組版〉沖浦康彦
〈印刷・製本〉中央精版印刷株式会社
〈編集担当〉岩谷健一　〈営業担当〉山口健志

ISBN978-4-8284-1843-8

ビジネス社の本

中国、アラブ、欧州が手を結び ユーラシアの時代が勃興する

副島隆彦……著

待望の中国研究第7弾
大変動する世界経済の行方はいかに？
「一帯一路」とＡＩＩＢで中国が勝つ！

本書の内容

定価　本体1600円＋税

ISBN978-4-8284-1825-4

膨張するドイツの衝撃
日本は「ドイツ帝国」と中国で対決する

西尾幹二
川口マーン惠美 ……著

決定版！ 日本と反日ドイツの関係。
敗戦を克服したドイツ、呪縛される日本
異なる二つの敗戦国を世界情勢から徹底比較。

本書の内容
第1章 ドイツ人はなぜ「日本嫌い」なのか
第2章 戦後は日米が隣国であって日中は隣国ではない
第3章 地球上に広がる「文明の衝突」
第4章 戦争が異なれば戦後も違う
第5章 難民・移民問題で苦悩するヨーロッパ
第6章 東へ拡大する「ドイツ帝国」の狙い
第7章 原発再稼働か脱原発か

定価 本体1400円+税
ISBN978-4-8284-1833-9

ビジネス社の本

膨張するドイツの衝撃
日本は「ドイツ帝国」と中国で対決する

西尾幹二　川口マーン惠美

戦後70年を機に軍事費を増大し、EUを操り、反イスラエルを画策し、アメリカにさえ牙をむくドイツは中国と蜜月関係を結び東方へ拡大する。

敗戦を克服したドイツ
戦後に呪縛される日本